FLORES EN EL DESIERTO

Flowers in the Desert

PAULA ALLEN

FLORES EN EL DESIERTO
FLOWERS IN THE DESERT

Copyright © 1999 Paula Allen
Derechos Reservados
Inscripción N° 108.306
I.S.B.N. 956-260-153-6

Editorial Cuarto Propio
Keller 1175, Providencia, Santiago
Fono: (56-2) 204 76 45 / Fax: (56-2) 204 76 22
e-mail: clic@netup.cl

Edición fotográfica y diseño / *Photo editing and design:* Doifel Videla
Edición de textos / *Text editing:* Marcelo Maturana
Impresión / *Printer:* Imprenta Alguero

Foto portada: Paula Allen, "Violeta y las mujeres en el desierto".
Cover photograph: Paula Allen, "Violeta and the women in the desert."
Foto contraportada: Paula Allen, "Buscando en el Valle de la Luna".
Back cover photograph: Paula Allen, "Searching in the Valley of the Moon."

Impreso en Chile / *Printed in Chile*
Primera edición, mayo de 1999 / *First edition, May 1999*

FLORES EN EL DESIERTO
FLOWERS IN THE DESERT

Prólogo / *Foreword*
Isabel Allende

Presentación / *Presentation*
Patricia Verdugo

PAULA ALLEN

Editorial Cuarto Propio

A la memoria de mi padre Jay Warren Allen
y a las mujeres de Calama

*To the memory of my father Jay Warren Allen
and to the women of Calama*

PRÓLOGO / *FOREWORD*

Isabel Allende

Dónde están los desaparecidos? Sus espectros rondan el aire delgado del amanecer, sus voces susurran en tumbas sin nombre: ¡aquí!, ¡aquí! Llaman a sus mujeres, sus madres, sus hermanas, sus hijas. Una muchedumbre de fantasmas deambula por el torturado continente sudamericano en busca de identidad. ¿Quién inventó ese horrible eufemismo de los "desaparecidos"? A los muertos los enterramos, los lloramos y aprendemos a vivir con ellos en dulce armonía, porque ante la finalidad incuestionable de la muerte nada podemos hacer. Pero cuando uno de los nuestros desaparece, se abre un vacío inmenso en el alma y en la vida, todo queda en suspenso, postergado mientras buscamos. Ésa es la suerte de millares de mujeres en América Latina que averiguan sin descanso la suerte de sus desaparecidos, terrible herencia de siniestras dictaduras militares y escuadrones de la muerte, que torturaron y asesinaron en total impunidad. Durante un cuarto de siglo las mujeres han buscado a sus hijos; ahora buscan también a sus nietos, nacidos en prisiones y campos de concentración, arrancados de los brazos de sus madres. Ésa es también la suerte de un puñado de mujeres de Calama que durante más de veinte años cavaron y cavaron en la región más inhóspita del mundo, guiadas por pistas vagas, por rumores, por

Where are the disappeared? Their ghosts roam in the thin air of the dawn, their voices whisper in unmarked graves, Here, here! They call out to their wives, their mothers, their sisters, their daughters. A multitude of phantoms wander the tortured continent of South America, seeking identity. Who was it that invented that horrible euphemism "disappeared"? We bury the dead, we weep over them, we learn to live with them in gentle harmony, because faced with the unquestionable finality of death there is nothing we can do. But when someone we love disappears, an enormous void opens in our soul and in our life; everything is put on hold, postponed, while we search. That is the fate of thousands of women in Latin America who tirelessly investigate the fate of their disappeared, the appalling bequest of sinister military dictators and death squadrons who tortured and murdered with total impunity. For a quarter of a century women have looked for their children; now they are also looking for their grandchildren born in prisons and concentration camps and torn from the arms of their mothers. This is also the fate of a handful of women in Calama, who for more than twenty years dug day after day in the most inhospitable region of the world, guided by vague clues, by rumors, by their own nightmares, looking for the bodies of twenty-six men arrested by the military in

sus propias pesadillas, en busca de los cuerpos de veintiséis hombres detenidos por los militares en 1973 y desaparecidos desde entonces. Esos veintiséis hombres forman parte de aquel contingente de fantasmas sin tumba cuyas muertes el hijo del general Pinochet justifica diciendo que no importan, porque los prisioneros ejecutados por orden de sus padre "no eran seres humanos, eran bestias".

En las alucinantes fotografías de Paula Allen, el paisaje lunar del desierto del norte de Chile se extiende hasta el horizonte como un mar de pesadumbre. Ese territorio árido es la metáfora perfecta del dolor sin atenuante de las mujeres de los desaparecidos. Así de vasto y aterrador es el sufrimiento. Las diminutas figuras de las mujeres con una pala en la mano, recorriendo esa planicie calcinada por un clima inclemente, se convierten, en estas fotografías, en símbolos eternos.

Las mujeres de Calama son pobres de pobreza irremediable, son pacientes de paciencia absoluta, son fuertes y están solas. Por años nadie ha escuchado su clamor, por años la justicia ha ignorado su angustia. Tienen la piel curtida por un sol de plomo, los ojos desteñidos de tanto atisbar en la arena y las piedras, el corazón siempre en lágrimas. Nada puede vencerlas, ni el tiempo, ni la indiferencia del mundo, ni la esperanza mil veces rota y vuelta a remendar. Más poderosa que el miedo agarrotado en el alma y la fatiga instalada en los huesos era la decisión de encontrar a sus desaparecidos. Ahora saben que están muertos. Siempre lo sospecharon, pero no quisieron admitirlo porque era como matarlos de nuevo, y aguardaban, contra toda lógica, a que un día su hijo, su hermano o su marido regresaran de las sombras. De vez en cuando había un signo

1973 and never seen again. Those twenty-six men belong to that contingent of tombless ghosts whose deaths the son of General Pinochet justified by saying that they don't matter because the prisoners executed at his father's orders "were not human beings, they were beasts."

In the hallucinatory photographs of Paula Allen, the lunar landscape of northern Chile's desert stretches toward the horizon like a sea of grief. That arid land is the perfect metaphor for the unremitting pain of the women of the disappeared. Their suffering is that vast, that terrible. The tiny figures of the women with shovels in their hands, scouring that plain baked by a brutal climate, are in these photographs converted into eternal symbols

The women of Calama are the poor of unredeemed poverty, the patient of absolute patience, they are strong, and they are alone. For years no one has listened to their cries; for years justice has ignored their anguish. Their skin has been weathered by a leaden sun, their eyes faded from searching so long through sand and stones, their hearts forever melted into tears. Nothing can conquer them, not time, not the world's indifference, not their hope shattered a thousand times and a thousand times patched back together. More powerful than the fear clutching their souls and the fatigue invading their bones was the determination to find their disappeared. Now they know they are dead. They always suspected that, but did not want to admit it because it was like another death; instead they waited, against all logic, for the day when their sons, their brothers, or their husbands would return from the shadows. From time to time there was a ray of hope: a colonel who said the men were alive but had been brainwashed, and that was why they had not come back. Lies. Lies, too, were the promises that the men's bodies would be

alentador: un coronel decía que estaban vivos pero les habían lavado el cerebro, por eso no volvían. Mentiras. También resultaron mentiras las promesas de que sus cuerpos serían devueltos para darles sepultura. De mentira en mentira pasaron los años, hasta que por fin en 1990 recibieron unas bolsas con huesos astillados, imposibles de identificar: era todo lo que quedaba de sus hombres.

Antes las mujeres de Calama buscaban a sus desaparecidos, ahora buscan la verdad. Antes esas bravas mujeres desafiaron la brutalidad de la dictadura; ahora desafían el silencio cómplice de los que pretenden borrar el pasado, como si nunca hubiera sucedido. Por el resto de sus vidas seguirán desafiando el olvido. Ellas guardan celosamente la memoria de sus muertos; son la voz que perseguirá a los asesinos hasta el último día de sus vidas. Ellas escriben en la arena del desierto la verdadera historia de Chile, la que los textos escolares omiten, la prensa calla, los gobiernos ocultan y los militares, impunes y arrogantes, niegan. Esas mujeres no desean venganza, ni siquiera piden justicia porque no creen en ella, saben que nunca serán castigados los culpables. Sólo desean que se admita la verdad, que se honre a sus muertos, que se devuelvan los cuerpos de los tres mil desaparecidos, que se respete el dolor de sus familias, que se recuerde el pasado, para que el horror de entonces no se repita. Sólo puede haber reconciliación en Chile sobre las bases de la verdad. La verdad es una planta vigorosa y de raíces muy profundas. Esas mujeres de Calama, lavadas por el sufrimiento, no olvidan. Ellas son nuestra conciencia.

returned for burial. Lie after lie, the years went by, until finally in 1990 the women were handed a few bags containing splintered bones impossible to identify: that was all that remained of their loved ones.

For a long time the women of Calama looked for their disappeared; now they are looking for the truth. For a long time those brave women defied the brutality of the dictatorship; now they defy the complicit silence of those who are attempting to erase the past, as if it never happened. For the rest of their lives they will defy those who want to forget. Jealously, they guard the memory of their dead; they are the voice that will pursue the murderers to the end of their days. In the desert, they are writing the true story, the truth that textbooks omit, that the press does not print, that governments hide, and the military—unpunished and arrogant—deny. Those women do not wish for revenge; they do not even seek justice, because they do not believe in it. They know that the guilty will never be punished. All they want is for the truth to come out, for their dead to be honored, for the bodies of all the three thousand disappeared to be returned, for the pain of their families to be respected, for the past to be remembered so that such horror may never be repeated. Reconciliation in Chile can take place only if it is founded on truth. Truth is a vigorous plant with deep roots. The women of Calama, purified by their suffering, do not forget. They are our conscience.

LA TRAGEDIA DE CALAMA / *THE TRAGEDY OF CALAMA*

Patricia Verdugo

Septiembre de 1973 es un mes marcado a fuego en el espíritu de los chilenos. Cuando ya empezaba a despuntar la primavera en este país del confín sur del mundo, con los aromos amarillos en plena floración y los ciruelos abriendo sus botones rosados, cayeron desde los aviones Hawker Hunter los *rockets* que destruyeron el Palacio de La Moneda. Junto al cuerpo del Presidente Salvador Allende —que optó por la muerte en señal de lealtad con su pueblo— quedó también destruida la democracia chilena.

Prácticamente no hubo resistencia. No había armas para oponerse al despliegue del Ejército, la Marina, la Fuerza Aérea y la Policía. Dos días después del golpe, aún escuchando temibles bandos militares, el pueblo volvió a sus puestos de trabajo y se recogió muy temprano en sus hogares por el toque de queda. En las radios locales, locutores militares repetían los nombres de quienes debían presentarse en regimientos y comisarías. Las cárceles y los recintos castrenses se repletaron. Los prisioneros políticos comenzaron a llenar incluso los estadios de fútbol. Chile estaba bajo estado de sitio, pero un decreto de la junta militar estableció "tiempo de guerra" para enjuiciar a los vencidos.

September 1973 is a month branded by fire in the soul of Chileans. With the coming of spring in this country at the southern tip of the world, the yellow aromos blooming and plum trees in blossom, rockets from Hawker Hunter planes bombarded La Moneda Palace. Chilean democracy was destroyed along with the life of President Salvador Allende, who chose death in an act of loyalty to his people.

There was virtually no resistance. There were no weapons to oppose the onslaught of the Army, Navy, Air Force and Police. Two days after the September 11th coup, while listening to frightening military pronouncements, people started going back to work, returning home early because of a curfew. On the radio, military officials announced over and over the names of those ordered to report to army regiments and police stations. Jails and military facilities were suddenly full. Even soccer stadiums filled up with political prisoners. Chile was under a state of siege and, by decree, the new ruling junta declared a state of war in order to put the defeated on trial.

On the last day of September, a Puma military helicopter took off from Santiago on a tragic tour to the north. Heading this mission, which came to be known as the Caravan of Death, was General Sergio

El último día de ese mes de septiembre, un helicóptero militar Puma despegó desde la zona oriente de Santiago para iniciar un trágico recorrido por el norte del país. A cargo de esa misión —que sería conocida más tarde como la "Caravana de la Muerte"— iba el general Sergio Arellano Stark, investido de un mando especial. El general Augusto Pinochet lo había nombrado "oficial delegado" del Presidente de la Junta de Gobierno y Comandante en Jefe del Ejército. Es decir, el general Arellano se había transformado en el *alter ego* del general Pinochet. Donde él iba, se convertía automáticamente en la primera autoridad. El resultado de esta misión fue la masacre de setenta y dos prisioneros políticos en cuatro ciudades: La Serena, Copiapó, Antofagasta y Calama. En la nortina ciudad de Calama fueron masacrados veintiséis prisioneros políticos.

El helicóptero Puma llegó al desértico lugar, enclavado en la Cordillera de los Andes, alrededor de las 10:30 de la mañana del 19 de octubre de 1973. Se abrió la puerta y "salieron todos con cascos de acero, uniformes de combate llenos de cargadores, metralletas, en actitud de combate"; así los recordaría el coronel Eugenio Rivera, comandante del regimiento local, quien esperaba a la comitiva con banda de música y una compañía en tenida de servicio. Con el Puma llegó la guerra a una ciudad donde imperaba la calma, ya que toda la ciudadanía había acatado el control militar. Calama es una ciudad estratégica, porque a unos quince kilómetros de ella se encuentra la mina de cobre de Chuquicamata, la más grande a tajo abierto del mundo. Y para las faenas mineras, funcionaba a la entrada de Calama una fábrica de explosivos que había instalado la empresa DuPont.

Arellano Stark, named by General Augusto Pinochet—President of the Junta and Commander-in-Chief of the Army—as his "Delegated Officer." Arellano had become the President's alter ego. Wherever he went, he was automatically the highest authority. The outcome of this mission was the massacre of 72 political prisoners in four northern cities: La Serena, Copiapó, Antofagasta and Calama, where 26 political prisoners were killed.

The Puma landed in Calama, a desert city at the foot of the Andes, at approximately 10:30 in the morning of October 19, 1973. The doors opened and "everyone jumped out as if ready for combat, wearing helmets, uniforms draped with ammunition clips and carrying machine guns." This is how the commander of the local regiment, Colonel Eugenio Rivera, remembers the scene. He was waiting for the helicopter with a military band and a company of soldiers in dress uniform. With the arrival of the Puma, the war had come to a city where tranquility prevailed, as everyone there had accepted military control. Strategically, Calama is important because of its proximity to Chuquicamata, the world's largest open-pit copper mine. A DuPont Corporation explosives factory stood at the entrance of Calama to service the mine.

Upon arrival, General Arellano reviewed the proceedings and called for a war council. A member of the retinue, Colonel Arredondo, requested permission to interrogate the prisoners, which General Arellano granted. Everything seemed normal. Colonel Rivera never imagined that an illegal act would be committed, so he left with the General to inspect the mine as the war council was convened. But when the members of the council asked that the prisoners be presented for trial, they were informed that it would be impossible because all 26 men were dead.

El delegado del general Pinochet revisó los procesos y ordenó que se reuniera un consejo de guerra. Uno de los miembros de la comitiva, el coronel Arredondo, le pidió autorización para interrogar a los prisioneros. El general Arellano concedió el permiso. Todo parecía normal. El coronel Rivera jamás imaginó que pudiera cometerse un acto ilegal. Tanto así que, mientras se reunía el consejo, se fue con el general Arellano a inspeccionar el mineral. Sin embargo, cuando el consejo de guerra pidió que fueran presentados los prisioneros para su juzgamiento, se informó que era imposible; veintiséis de ellos ya estaban muertos.

"El estado mayor del general Arellano fue primero al regimiento a buscar personal de refuerzo, oficiales y conscriptos", me aseguraría el coronel Rivera años más tarde. El grupo militar sacó a los prisioneros de la cárcel, los condujo hasta el cercano cerro Topater y allí los masacró con disparos y cortes de corvo (especie de sable corto y curvo). Luego, un grupo volvió al regimiento para buscar herramientas y bolsas para meter los cadáveres. Y los fueron enterrando en fosas secretas en el desierto.

El coronel Rivera me aseguró que se había enterado de la masacre minutos después de que el helicóptero Puma despegara de la ciudad. Volvió a su regimiento y supo que algunos de sus hombres estaban aún enterrando los cuerpos en el desierto. Quedó paralizado por el terror. No sabía qué hacer. "Se me dijo que estaban dispersos por la pampa y que estaban masacrados, deshechos. Planteé la posibilidad de entregarlos en urnas selladas, y el médico del regimiento me dijo: 'No, coronel, porque las abren. ¡Imagínese cómo vamos a quedar si llegaran a verlos!'"

Oficialmente, se informó que los prisioneros habían intentado huir y que se los fusiló aplicando la "ley de fuga". El coronel Rivera me

"The members of Arellano's general staff first went to the regiment to look for officers and conscripts as reinforcements," Colonel Rivera told me, years later. Then the soldiers took the prisoners from the jail, brought them to nearby Topater Hill and killed them. First they were shot by a firing squad and then their bodies were slashed with "corvos" (short, curved sables). Some of the soldiers then returned to the regiment for tools and for bags to put the bodies in. And they buried them in graves in the desert.

Colonel Rivera assured me that he had only learned of the massacre minutes after the Puma helicopter left the city. He returned to the regiment and discovered that some of his men were still burying the bodies in the desert. Paralyzed by terror, he did not know what to do. As Rivera later recalled, "I was informed that the bodies were scattered in the desert and had been massacred and mutilated. I suggested the possibility of returning the bodies in sealed urns, but the doctor of the regiment told me, 'No, Colonel, their relatives will open them, and imagine what they'll think of us if they see the bodies.'"

It was officially reported that the prisoners had been shot while trying to escape. Colonel Rivera told me he would never forget the widows, covered with long, black veils, crying out for the bodies. He didn't know what to do, so he chose one more lie—telling the families that the bodies would be returned to them in one year. And so began the women's wandering through the desert, the sound of the wind blending with their cries of anguish, imagining hidden graves in every mound of earth.

It is not clear what criteria were used to select the victims. We only have the confession made to me by the ex-commander of La

confesó que nunca olvidaría a las viudas, cubiertas con largos velos negros, clamando por los cuerpos. No sabía qué hacer y optó por otra mentira: les dijo que se los entregaría en un año más. Y así fue como empezó este vagar por las arenas, confundiendo el sonido del viento con gemidos de agonía, adivinando tumbas en cada promontorio.

No hay claridad sobre el criterio de selección de las víctimas. Sólo está la confesión que me hizo el comandante del regimiento de La Serena, coronel Ariosto Lapostol. Él me aseguró que había visto al general Arellano marcar en una lista los nombres de los prisioneros que iban a morir. La militancia política no fue el denominador común de los escogidos. Las víctimas adherían a distintos partidos de la izquierda marxista o de la izquierda cristiana. Tampoco fue el oficio, ya que había desde modestos obreros hasta connotados profesionales y artistas. Y no fue el estado de sus procesos en los tribunales militares, ya que algunos habían recibido condenas en consejos de guerra (ninguna a muerte) y otros esperaban su turno para ser juzgados.

Al parecer, la trágica selección se hizo revisando, en la lista, la columna titulada "acusación". Si allí aparecían las palabras "armas" o "explosivos", quedaba sellada la suerte del prisionero. No importaban las pruebas ni las investigaciones.

Los cuerpos quedaron destrozados por múltiples heridas de bala y de corvo. Quizás fue el estado en que quedaron los cadáveres lo que determinó la decisión de sepultarlos clandestinamente. Quizás la decisión de hacerlos desaparecer fue tomada antes de matarlos, y de ahí el ensañamiento. El único que resistió estas órdenes fue el general Joaquín Lagos, comandante en jefe de la

Serena Regiment, Colonel Ariosto Lapostol. He assured me that he had seen General Arellano write a list of the names of the prisoners who were going to die. Political party membership was not the common denominator, as the victims belonged to different parties of the Marxist or Christian left; neither was their professional status, since among them were workers, renowned professionals and artists. Nor was it the status of their cases in the military tribunals, since some had already been sentenced by war councils (although none had been sentenced to death) and others were still awaiting trial.

It seems that the tragic selection was made by reviewing the list of prisoners' names and particularly the column headed "Charges." If the words "weapons" or "explosives" appeared there, the prisoner's fate was sealed. Neither evidence nor investigations mattered.

Perhaps it was the condition of the bodies—ripped apart by bullets and corvo wounds—that determined the decision to bury them secretly. Or perhaps the decision to make the bodies "disappear" was made before killing the men, and that was the reason for venting such cruelty. The only one to disobey was General Joaquín Lagos, Commander-in-Chief of the First Division of the Army. Upon learning of the slaughter of 14 prisoners in Antofagasta, he ordered that the bodies be "pieced together" and returned in sealed urns to their families. "Imagine how I felt. A General of the Republic had been my guest just a few hours before, and, behind my back, he had ordered the murder of 14 prisoners—prisoners who had mostly given themselves up voluntarily, who had trusted me, prisoners for whom I was responsible under the Geneva Convention," General Lagos told me, his face revealing the anguish still caused by this episode.

Primera División del Ejército: al enterarse de la masacre de catorce prisioneros en Antofagasta, ordenó "armar" los cuerpos como mejor se pudiera y entregarlos a las familias en urnas selladas. Años más tarde, el general Lagos me aclaró lo sucedido: "¡Imagínese mi estado de ánimo! Un general de la República había sido mi huésped unas horas antes y, a mis espaldas, había ordenado el asesinato de catorce prisioneros, prisioneros que, en su mayoría, se habían entregado voluntariamente, confiando en mí, prisioneros por los cuales yo había de responder de acuerdo a la convención de Ginebra", me dijo, revelando en su rostro la angustia que ese episodio aún le producía.

De los tripulantes del siniestro helicóptero se ha podido identificar sólo a algunos. Tras su misión, todos ellos fueron "premiados" por el general Pinochet y el Alto Mando del Ejército. El coronel Sergio Arredondo, por ejemplo, fue nombrado director de la Escuela de Caballería y luego trabajó en la sección exterior (misiones en el extranjero) de la DINA, el organismo de inteligencia de la dictadura militar. El teniente coronel Pedro Espinoza fue nombrado jefe de operaciones de la DINA y, luego, comandante de un regimiento en Punta Arenas. Fue acusado por la justicia norteamericana como coautor intelectual del crimen del ex canciller chileno Orlando Letelier y su asistente, la norteamericana Ronni Moffitt, ocurrido en Washington en 1976. Gracias a la presión de Estados Unidos, hoy está cumpliendo condena en una cárcel militar de Chile. El mayor Marcelo Moren fue nombrado comandante del centro de torturas clandestino Villa Grimaldi; pasó a retiro en 1985 y se ignora su actual paradero. El teniente Armando Fernández Larios pasó a integrar la DINA y participó al menos en dos crímenes en

Only a few Puma crew members have been identified. After their sinister mission, they were "rewarded" by General Pinochet and the High Command of the Army. Colonel Arredondo was named Director of the Cavalry School and later worked in the foreign section of the DINA, the intelligence agency of the military dictatorship. Lieutenant Colonel Pedro Espinoza was named Chief of Operations of the DINA and then commander of a regiment in Punta Arenas. He was charged by the U.S. Department of Justice as co-conspirator in the 1976 murder of former Chilean Foreign Minister Orlando Letelier and his assistant Ronni Moffitt in Washington D.C. Under pressure from the United States, Espinoza is now serving a sentence in a military jail in Chile. Major Marcelo Moren was named a commander of the clandestine torture center Villa Grimaldi. He retired in 1985 and his current whereabouts are unknown. Second Lieutenant Armando Fernández Larios was transferred to the DINA and participated in at least two crimes abroad. U.S. investigators identified him as one of the perpetrators of the Letelier-Moffitt murders. He deserted the Army in 1987, turned himself over to the United States, was tried and sentenced, and now lives there under the federal witness protection program. Lieutenant Juan Chiminelli also joined the DINA and left the Army with the rank of Lieutenant Colonel.

Every single member of the Caravan of Death benefited from an amnesty decreed by the military regime in April 1978. The massacre of 72 prisoners has not meant one day of imprisonment for any of them, since the amnesty is still in effect today. Even the political negotiations that brought about the "transition to democracy" included an accord to leave this amnesty untouched. Neither

el extranjero. La justicia norteamericana lo identificó como uno de los autores del crimen en Washington. Desertó en 1987, se entregó a Estados Unidos, fue juzgado, cumplió condena y ahora reside en ese país bajo el régimen de protección de testigos. Por su parte, el teniente Juan Chiminelli también se integró a la DINA y dejó el Ejército con el grado de teniente coronel.

Todos los miembros de la Caravana de la Muerte fueron beneficiados por la amnistía que el régimen militar dictó en abril de 1978. La masacre de los setenta y dos prisioneros no les ha costado ni siquiera un día de cárcel, ya que dicha amnistía se mantiene vigente en Chile. La negociación política que dio origen a la "transición" incluyó el acuerdo de que la amnistía sería intocable. Durante los dos gobiernos democráticos que siguieron a la dictadura —encabezados por Patricio Aylwin y el actual Presidente Eduardo Frei, respectivamente— jamás se envió un proyecto de ley para derogarla.

El 16 de octubre de 1998, el general Pinochet fue arrestado en Londres por una petición de extradición de la justicia española, que lo acusa de genocidio y tortura. Ese mismo día se cumplieron veinticinco años desde la masacre de La Serena. Pocos días después, de la fosa común del cementerio local fueron sacados, uno a uno, los quince esqueletos, develando en cada hueso las huellas del crimen.

Pero es en Calama, en las flores que se dispersan sobre las arenas cada 19 de octubre, donde la imagen queda atrapada en su insondable tragedia. *¿Dónde están, dónde están?*, sigue gimiendo el viento por los detenidos-desaparecidos de Chile, de América Latina y del mundo. Es un gemido de mujeres que claman por justicia.

of the two democratic governments that followed the dictatorship— headed by Patricio Aylwin or current President Eduardo Frei— has submitted any legislative proposals to repeal this amnesty law.

On October 16, 1998, General Pinochet was arrested in London as the result of an extradition order from the Spanish courts accusing him of genocide and torture. That same day was the 25th anniversary of the massacre in La Serena. Days later, 15 skeletons were removed from a grave in the local cemetery, the evidence of the crime revealed in every bone.

But it is in Calama, in the flowers scattered over the desert every October 19th, that the images of this unfathomable tragedy persist. The wind continues calling out for the detained and disappeared of Chile, Latin America and the world... ¿Dónde están? Where are they? This is also the anguished cry of women calling out for justice.

CALAMA

INTRODUCCIÓN / *INTRODUCTION*

Paula Allen

La primera vez que me interné en el desierto de Atacama junto a las mujeres de Calama fue en la Navidad de 1989. Llevando palas y bolsas plásticas, y protegiendo nuestros rostros del viento, seis mujeres nos desplazábamos lentamente por el extenso, árido terreno. Era ese extraño momento antes del crepúsculo en que el calor comienza a atenuarse, se instala el frío y el cielo parece fundirse con el horizonte. Yo había llegado ahí para fotografiar a estas mujeres que buscaban los restos de veintiséis hombres ejecutados, pero pronto me vi ayudándolas a cavar entre foto y foto. Quería encontrar un cuerpo, ayudar a aliviar el dolor de al menos una de esas mujeres, pero al mismo tiempo temía que mis dedos llegaran realmente a tocar un hueso.

Vicky se dirigió rápidamente a un lugar donde la tierra parecía haber sido removida, con la esperanza de hallar rastros de su hermano José. La señora Leo, sentada sobre la tierra con sus piernas extendidas, dejaba escurrir la arena a través de sus manos abiertas, pensando en su hijo Manuel. Violeta se agachó para recoger unas piedras y las examinó buscando huellas de Mario, su compañero. Seguimos buscando, sin éxito, hasta que la oscuridad ya no nos permitió ver más.

On Christmas Day 1989, I walked into the Atacama Desert for the first time with the women of Calama. Six of us moved slowly across the barren expanse with shovels and plastic bags, guarding our faces against the wind. It was that strange moment in the late afternoon when the heat starts to fade, the cold sets in and the sky seems to blend with the horizon. I had come to photograph these women searching for the bodies of 26 executed men, but I found myself alternating between making pictures and helping the women dig. I wanted to find a body, to help relieve even one of these women's grief, but was also frightened that my fingers would actually touch bone.

Vicky hurried to a spot where the earth appeared to have been moved, hoping for signs of her brother, José. Señora Leo sat on the ground with her legs outstretched, scooping sand with open palms, thinking about her son, Manuel. Violeta reached down to pick up some stones, examining them for clues of her partner, Mario. We searched, without success, until it grew too dark to see.

I was a stranger in Chile. I had worked for ten years as a photojournalist, but had never been to Latin America and wanted to learn what had happened in Chile after the 1973 coup. In December

Yo era una extraña en Chile. Había trabajado durante diez años como fotógrafa documental pero nunca había estado en América Latina, y quería saber qué había ocurrido en Chile después del golpe militar de 1973. En diciembre de 1989 me encargaron hacer un reportaje fotográfico de las primeras elecciones democráticas desde que el general Augusto Pinochet se tomara el poder. Dos días antes de dejar mi casa en Nueva York, me llamó por teléfono una amiga para hablarme de una película que había visto acerca de las penurias de las mujeres en Chile. Este documental, dirigido por Deborah Shaffer, se titula *Baile de esperanza*. Una escena había conmovido especialmente a mi amiga. En Calama, una ciudad del norte del país, un grupo de mujeres cuyos maridos, padres, hijos y hermanos habían sido ejecutados y luego "desaparecidos" en alguna fosa desconocida en el desierto, habían estado buscando sus restos durante los últimos quince años. En esta escena, las mujeres caminaban por el desierto en el aniversario de la desaparición —el 19 de octubre de 1973— y lanzaban flores al aire, cubriendo la arena con cientos de claveles rojos. La historia me conmovió profundamente y, como fotógrafa comprometida con las luchas desconocidas de las mujeres en todo el mundo, sentí que debía ir a ese lugar.

Terminado mi trabajo en Santiago, emprendí un extenuante viaje de veinticuatro horas en bus hacia la región más árida del planeta. Llegué a Calama llevando una presentación de la cineasta para Violeta Berríos, presidenta de la agrupación de mujeres, y atravesé la plaza en busca de su casa. Aunque Violeta no me esperaba, me dio una cálida acogida y organizó una reunión con

1989, I received an assignment to photograph the first democratic elections since General Augusto Pinochet seized power. Two days before leaving my home in New York City, a friend phoned to tell me about a film she had seen documenting the plight of women in Chile. It was entitled "Dance of Hope," directed by Deborah Shaffer. One scene in particular had moved her. In the town of Calama, located in the far north, a group of women whose husbands, fathers, sons and brothers had been executed and then "disappeared" into an unknown desert grave, had been searching for their remains for the past 15 years. In this scene, the women walked out into the Atacama Desert on the anniversary of the disappearance—October 19, 1973—and threw flowers into the air, blanketing the sand with hundreds of red carnations. Listening to this story, I was deeply moved and realized that as a photographer committed to recording the hidden struggles of women all over the world, I needed to be there.

After finishing my work in Santiago, I boarded a bus for the grueling, 24-hour ride into the driest region on earth. With an introduction from the film maker to Violeta Berríos, the president of the women's association, I arrived in Calama and made my way across the plaza in search of her house. Although she was not expecting me, Violeta gave me a warm welcome and arranged a meeting with several of the other women. For hours, they described their lives since the disappearances of their men and the urgency of their stories confirmed my commitment to them. A few months later, in March 1990, I returned for the second time—the same week that Patricio Aylwin became the first democratically elected

varias de las mujeres. Me hablaron durante muchas horas acerca de sus vidas desde la desaparición de sus hombres, y la urgencia de sus historias reafirmó mi compromiso con ellas. Unos meses más tarde, en marzo de 1990, fui a Calama por segunda vez —esa semana Patricio Aylwin asumía como el primer Presidente elegido democráticamente tras diecisiete años de dictadura—, y luego volví por tercera vez ese mismo año, cuando las mujeres ya habían sido llevadas hasta una fosa común que contenía los restos despedazados de algunos de sus hombres.

Volví a Calama todos los años, a veces sólo por unos días, a veces por semanas, sola o con amigos de Santiago que me acompañaban para ayudarme con las entrevistas. Entre una y otra visita, me mantuve siempre en contacto con las mujeres, especialmente con Vicky, cuyas cartas constituyen parte del texto de este libro. El vínculo que se creó entre nosotras trasciende la relación entre una fotógrafa y sus fotografiadas, pues nos conectamos profundamente como mujeres y amigas.

A lo largo de una década, vi destruirse sus esperanzas cientos de veces ante repetidas desilusiones; muchas veces vi a las mujeres regresar del Valle de la Luna, quemadas por el sol y con dolor de cabeza, los bolsillos llenos de sal y los zapatos llenos de arena; lloré con ellas cuando, al no encontrar los restos de los hombres que amaban, volvían a salir al día siguiente con palas y linternas, guiándose por intuiciones y rumores. Con el tiempo, algunas se vieron obligadas a olvidar su sueño de encontrar alguna vez los cuerpos enteros, y tuvieron que resignarse a sepultar bolsas plásticas llenas de huesos fragmentados.

President after 17 years of dictatorship—and then again a third time later that year, after the women had been led to a mass grave containing the crushed remains of some of their men.

I returned to Calama every year, sometimes for days, sometimes for weeks, alone or with friends from Santiago who came to help me with the interviews. Between visits, I maintained contact with the women, especially Vicky, whose letters comprise part of the text of this book. A bond was formed that transcended the relationship of photographer and subjects, connecting us deeply as women and friends.

Over the course of a decade, I saw their hope shattered a hundred times in the face of repeated disappointments, watched as they returned from the Valley of the Moon with headaches and sunburns, pockets full of salt and shoes full of sand; wept with them when they couldn't recover the bodies of the men they loved, then set out again the next day with flashlights and shovels following rumors and intuition. In time, some of the women were forced to give up the dream of ever finding whole bodies at all, with no choice but to bury plastic bags full of crushed bones.

Looking back, I am haunted by many images—members of the Association lighting hundreds of candles, placing them on the ground in the plaza, spelling out VERDAD and JUSTICIA (TRUTH and JUSTICE); Vicky and Violeta kneeling down together, passing rocks back and forth for clues, smelling them, conferring in whispers; the ordinary treasured moments between digging and meetings and marches: Bruni, who lost her beloved husband Bernardino, baking empanadas in her kitchen; the

Al mirar atrás, muchas imágenes me persiguen aún: mujeres de la Agrupación encendiendo cientos de velas para ponerlas en el suelo de la plaza, formando las palabras VERDAD y JUSTICIA; Vicky y Violeta arrodilladas, pasándose rocas una a otra en busca de algún indicio, oliéndolas, hablando en susurros; también esos preciosos momentos cotidianos entre una y otra salida a excavar, las reuniones, las marchas: Bruni, que había perdido a su amado esposo Bernardino, haciendo empanadas en su cocina; el alegre caos de los nietos y animales domésticos que llenaban la casa de la señora Leo; Mónica, cuyo padre fue ejecutado y desaparecido cuando ella era todavía un bebé, enamorándose, luego casándose y teniendo dos hijas. Y, siempre visibles, las pequeñas fotografías en blanco y negro de los ejecutados, prendidas en las blusas de las mujeres.

Aunque ser testigo de la lucha de estas mujeres ha resultado una experiencia dolorosa, también ha sido una de las grandes alegrías de mi vida. Inspirada por su negativa a dejarse silenciar, aun arriesgándose a graves consecuencias, he comprobado que es posible sostener la propia dignidad a pesar de la injusticia, manteniendo un espíritu de amor incluso bajo el peso de un enorme dolor.

Ésta es una historia sin final. Trece de las mujeres han recibido los restos identificados de sus hombres, pero todas continúan buscando en el desierto. No buscan solamente las huellas de los otros; buscan la verdad completa sobre lo que allí sucedió, una verdad que tal vez no sea revelada jamás. Este libro es una ofrenda de gratitud por el honor de contar esta historia, y un homenaje al extraordinario valor de estas mujeres.

joyful chaos of grandchildren and pets filling Señora Leo's house; Mónica, whose father was executed and disappeared when she was a baby, falling in love and marrying, then giving birth to two daughters. And always visible, the small black and white snapshots of the disappeared pinned to the women's blouses.

Although witnessing the struggle of these women has been painful, it has also been one of the greatest joys of my life. Inspired by their refusal to be silenced in the face of potentially grave consequences, I have learned how it is possible to summon one's dignity in spite of injustice, maintaining a loving spirit under the weight of enormous pain.

This is a story without an ending. Thirteen of the women have received the identified remains of their men, but all continue searching in the desert—not only for signs of the others, but for the full truth of what happened, a truth which may never be revealed. I offer this book in gratitude for the honor of telling this story, and as a tribute to the extraordinary courage of these women.

LAS MUJERES
THE WOMEN

Señora Leo Yo estaba en Antofagasta cuando se llevaron a mi hijo Manuel a la cárcel. Viajé de vuelta a Calama con unas tortillas para darle. Llegué a la cárcel y unos soldados empezaron a golpearme. Me puse a llorar. Se acercó un teniente y me dijo: "Váyase de aquí, señora, nadie viene a llorar aquí".

Manuel tenía veintitrés años y tenía una hija de dos años. Su esposa estaba embarazada de seis meses. Él trabajaba para la DuPont, donde fabricaban explosivos, y todos los hombres que trabajaban ahí estaban acusados de sabotaje. Los acusaban de intentar poner una bomba en la fábrica, lo que haría explotar a toda Calama. ¿Quién podría pensar que fueran a hacer tal cosa y matar a sus propias familias?

Por tres años recorrí todo el norte buscando a mi hijo. Llegué hasta Iquique. Fui hacia el interior, cerca de la frontera con Bolivia, fui a todos los pueblos que yo sabía que existían. En un momento casi me fui al sur, a Punta Arenas, porque alguien me dijo que él iba a estar allá. Golpeé muchas puertas, mostrando su foto. Durante esa búsqueda, mi esposo me acompañaba algunas veces. Cavábamos en el desierto y a veces encontrábamos cuerpos extraños. Teníamos tanto miedo en esos años que los volvíamos a enterrar.

Una vez vino un coronel y me dijo que no me preocupara, porque mi hijo estaba vivo. Dijo que le habían lavado el cerebro, así que yo iba a tener que cuidarlo como a una guagua. Con eso me habría quedado conforme. Lo único que quería era verlo entero. Pero resultó ser otra mentira, tal como cuando nos prometieron entregarnos los cuerpos, años atrás.

Nos enterraron en vida. Un hijo jamás puede ser reemplazado. Oigo la voz de Manuel en todas partes. Lo veo caminando por la calle. En mi desesperación por encontrarlo, a veces pienso que él me va a dar una señal diciéndome dónde está.

Señora Leo I was in Antofagasta when they took my son, Manuel, to prison. I traveled back to Calama with tortillas to give him. When I arrived to the prison some soldiers started hitting me. I began to cry. Some lieutenant came over and said, "Get out of here, lady, no one comes here to cry."

Manuel was 23 years old and had a two-year-old daughter. His wife was six months pregnant. He worked for DuPont, where they made explosives, and all the men who worked there were accused of sabotage. They accused them of trying to blow up the factory, which would have blown up all of Calama. Who would think they would do such a thing and kill all of their families?

For three years, I traveled all over the north looking for my son. I went all the way to Iquique. I went inland, close to the Bolivian border, to all the little towns that I knew. At one point, I almost went south to Punta Arenas because someone told me that he would be there. I knocked on many doors, holding up his photograph. During the searching, my husband sometimes came with me. We dug in the desert and came across strange bodies. We were so frightened during those years that we would bury them again.

Once, a colonel even came up to me and told me not to worry because my son was alive. He said he had been brainwashed so I would have to take care of him just like a baby. That would have been alright with me. I just wanted to see him whole. But, as it turned out, it was a lie just like when they promised to give us back the bodies years ago.

They buried us alive. A mother can never replace her son. I hear Manuel's voice everywhere. I see him walking on the streets. In my desperation to find him, I sometimes think he will give me a sign to tell us where he is.

Señora Leonilda Rivas. Octubre/October, 1990

Su hijo, Manuel Hidalgo, fue detenido por carabineros el 12 de octubre de 1973
Her son, Manuel Hidalgo, was arrested by the police on October 12, 1973

Bruni Bernardino era un marido ejemplar. Como padre, era responsable y cariñoso con sus hijos. Se proyectaba con ellos en el futuro. Éramos muy felices.

Él trabajaba para la fábrica de explosivos DuPont, donde recibía un sueldo apenas suficiente para vivir. Por once años fue dirigente laboral en la fábrica y tuvo todo tipo de cargos en el gremio. En el momento de las detenciones tenía un puesto en el consejo administrativo de la compañía.

Los sucesos que nos cambiaron la vida comenzaron el 11 de septiembre de 1973, alrededor de las once de la mañana. Yo había salido a comprar al centro, donde oí unos rumores que no tomé en serio, ya que no entendía lo que significaba un golpe de estado. No entendía lo serio del asunto ni el dolor que nos iba a causar. Recordar esas cosas ahora me produce un dolor inmenso, es revivir esos momentos de angustia.

Regresé de mis compras y encontré una nota de Bernardino en la mesa que decía: "Vine y me llevé la radio chica para escuchar lo que está ocurriendo. No voy a volver temprano a la casa hoy. Me voy a quedar en el trabajo para cuidar la oficina, por lo que pueda pasar".

Habían matado a nuestro Presidente Salvador Allende. A partir de ese día mi esposo empezó a llegar a la casa con una gran tristeza. La angustia lo consumía día a día. Vivíamos bajo el toque de queda que comenzaba a las nueve de la noche.

Él continuó trabajando como siempre, sin imaginarse nunca la gran tragedia que amenazaba su vida. Así fue hasta el 12 de octubre de 1973. El día anterior habíamos acordado que yo lo iba a esperar para ir a comprar pintura, queríamos pintar de nuevo el comedor. Íbamos a celebrar porque nuestra hija cumplía cuatro años, pero ese día él no regresó. Los buses que transportaban a los trabajadores pasaron de largo. Yo estaba

Bruni *Bernardino was a model husband. As a father, he was responsible and affectionate with our children. He had plans with them for the future. We were very happy.*

He worked for the explosives company, DuPont, where his salary was barely enough to live on. He was a labor leader for 11 years at the company and held all the different positions in the union. At the time of his arrest he had a position in the administrative council of the company.

The events that changed our lives started on September 11, 1973, around 11:00 in the morning. I had gone shopping in the center of the town, where I heard news that I didn't take seriously since I didn't understand what a coup was. I didn't comprehend the seriousness and the pain that it would cause us. Remembering these events now produces an immense pain in me as I relive those agonizing moments.

I returned from shopping and found a note on the table from Bernardino that said, "I came home and took the small radio to listen to what is happening. I won't be coming home early today. I will stay at work to protect the office from whatever might be happening."

They had killed our President Salvador Allende. From that day on, my husband was always coming home feeling a great sadness. The anguish was consuming him day by day. We were living under a curfew which began at 9:00 at night.

He continued to work as usual, never imagining the great tragedy that threatened his life. This is how it went until October 12, 1973. The previous day we had agreed that I would wait for him to go shopping for paint to redo the dining room. We were going to celebrate our daughter's fourth birthday, but that day he didn't return. The buses that transport the workers passed. I was worried. I went to see a co-worker of his who

Brunilda Rodríguez. Octubre/October, 1990

Su marido, Bernardino Cayo, fue detenido por carabineros en la cafetería de la empresa DuPont el 12 de octubre de 1973

Her husband, Bernardino Cayo, was arrested by the police in the cafeteria at the DuPont Corporation on October 12, 1973

preocupada. Fui a ver a uno de sus compañeros de trabajo que vivía cerca y le pregunté si sabía algo de mi esposo. Me dijo que él también estaba muy preocupado, porque había visto que detenían a Bernardino junto a otros trabajadores. Estaban almorzando cuando llegó un pelotón de carabineros.

En la comisaría me dijeron que le podía llevar café y mantas y una sola comida al día, porque eso no era un hotel. Todos los días yo le llevaba un termo con café. Así pasaron cinco días. Después se lo llevaron a la cárcel de Calama, y desde allá me mandaba recados escritos pidiéndome que llevara conmigo a los niños, nuestro hijito y nuestra hijita.

El 18 de octubre lo fuimos a visitar. Todo parecía triste, como si hubiera el presentimiento de algo que no nos podíamos explicar. Mi hija le dijo que él tenía que volver a la casa para poder celebrar su cumpleaños también. Él le dijo que iba a volver pronto.

Resultó ser que no volvió nunca. Fue ejecutado de una manera cobarde por el supuesto delegado de guerra, Sergio Arellano Stark, enviado directo de Augusto Pinochet. Arellano tenía la autoridad para cometer cualquier abuso que quisiera en nombre de Pinochet.

El viernes 19, entre las tres y las cuatro de la tarde, lo sacaron de la cárcel local en un furgón de carabineros junto a otros detenidos de esa máquina infernal que se llama el Ejército Chileno, que supuestamente protege la seguridad de todos los chilenos. Nuestros hombres fueron llevados, sin saberlo, a una muerte que no merecían.

Ese día estuve esperando en compañía de varias otras mujeres que también habían solicitado ver a sus maridos, sin resultado. Finalmente me informaron que lo habían llevado a Antofagasta. Volví a la casa y sentí unos golpes en la puerta. Me llevé una gran sorpresa al

lived close by and asked him for news of my husband. He told me that he was extremely worried, too, that he had seen Bernardino arrested along with other workers. They had been eating lunch when a police squad arrived at the dining area.

At the police station they told me that I could bring him coffee and blankets and only one meal a day because this wasn't a hotel. Everyday I brought him a thermos with coffee. Five days passed like this. Afterwards, he was taken to the local jail where he sent me notes asking me to bring our children with me, our little girl and our little boy.

Then, October 18th arrived, and we went to visit him. Everything was very sad as if there was a premonition of something we could not explain to ourselves. My daughter told him that he should come home so that we could celebrate his birthday, too. He told her he would come soon.

As it turned out, he never came back again. He had been executed in a cowardly way by the so-called delegate of war, Sergio Arellano Stark, Augusto Pinochet's direct envoy. Arellano had the authority to commit whatever abuses he wished in Pinochet's name.

On Friday the 19th, between 3:00 and 4:00 in the afternoon, he was taken from the local jail in a police van together with other detainees by that hellish machine called the Chilean Army, which is supposed to guard the safety of all Chileans. Without knowing it, our men were being taken to a death they did not deserve.

I waited that day, without results, in the company of several women who also had demanded to see their husbands. Then I was informed that he had been taken to Antofagasta. I went home and there was a pounding on the door. It was a big surprise to find two soldiers in front of me, one with a gun. I recognized the second one. He was the army chaplain, Luis

Vicky Saavedra. Septiembre/September, 1990
Su hermano, José Saavedra, estudiante de enseñanza media, fue detenido por carabineros el 24 de septiembre de 1973
Her brother, José Saavedra, a high school student, was arrested by the police on September 24, 1973

encontrarme frente a dos soldados, uno de ellos con un arma. Reconocí al otro, era el capellán militar Luis Jorquera Molina. En ese momento lo oí decir "señora", a lo cual le respondí "adelante, padre". Él entró, mientras que el soldado seguía apuntándome desde la puerta. El capellán me dijo: "Llegó una comitiva de Santiago y ordenaron la ejecución de los prisioneros". Yo me quedé muda. Él me habló nuevamente: "Vaya el lunes a la oficina de la fiscalía pública para que le den un certificado de defunción de su marido". Le pregunté si nos iban a entregar los cuerpos para que los pudiéramos enterrar como es debido. Dijo que no sabía. Luego me preguntó si la casa era mía. "Sí", le dije, y entonces me dijo que no eran tan malas las cosas si uno tenía casa propia.

El lunes siguiente, un grupo de mujeres fuimos a la casa del gobernador a pedirle una audiencia. El soldado que nos atendió dijo que no nos iban a entregar los cuerpos porque estábamos en guerra y los habían matado cuando intentaban escaparse. Nos dijo que podíamos volver al registro civil a la semana siguiente para solicitar los certificados de defunción. Nosotras insistíamos en tener una entrevista con el gobernador para pedir la entrega de los cuerpos, pero todo esto era inútil porque ya los cuerpos se estaban descomponiendo en algún lugar del desierto.

Siempre me pregunto cómo habrán sido sus últimos momentos, si gritaron, si se quejaron, o si lloraron.

Violeta El día 19 yo estaba en la cárcel con Mario, mi compañero. Volví a la casa, me acosté en el sofá, encendí un cigarrillo y ahí me llamaron para que fuera a la comisaría. Me dijeron que lo habían sacado de la cárcel para

Jorquera Molina. I heard him say, "Señora," to which I responded, "Come in, Father." He entered and the other soldier continued aiming at me from the door. The chaplain said, "A commission from Santiago arrived and ordered the execution of the prisoners." I lost my voice. He spoke again. "On Monday, go to the public prosecutor's office and get your husband's death certificate." I asked if they would give us the bodies so we could bury them properly. He said he didn't know. Then he asked me if the house was mine. I said yes, and he remarked that it wasn't so bad if you owned your own house.

The following Monday, a group of women went to the governor's office to request an audience with him. A soldier who attended to us said that they would not turn over the bodies since we were at war and they had killed the men because they had tried to escape. He told us that we could go to the civil registry the following week to request a death certificate. We insisted on an interview with the governor to seek the surrender of the bodies, but all of this was useless because the bodies were already decomposing somewhere in the desert.

I always wonder about their last moments alive, if they screamed, or complained, or cried.

Violeta On October 19th, I was with my partner, Mario, at the prison. I came home and lay down on the couch and lit a cigarette and received a message to go to the police station. I was told that he had been taken out of jail for a war council. That was when the lies began. They said that they had taken him to different places: Iquique, Arica, Santiago, Antofagasta. They told me that at any moment they were going to send him south to a concentration camp.

Hilda Muñoz y su hijo (her son), Rolando Hoyos. Octubre/October, 1991
El marido de Hilda, Rolando Jorge Hoyos, fue detenido por carabineros en la empresa DuPont el 12 de octubre de 1973
Hilda's husband, Rolando Jorge Hoyos, was arrested by the police at the DuPont Corporation on October 12, 1973

un consejo de guerra. Ahí empezaron las mentiras. Decían que se lo habían llevado a distintos lugares: Iquique, Arica, Santiago, Antofagasta. Me dijeron que en cualquier momento lo iban a mandar al sur, a un campo de concentración.

Lo busqué por todas partes. Le pregunté a uno de los soldados: "¿Dónde está mi esposo?" Me dijo: "Usted está loca". Me fui de ahí, quería estar sola. Llamé a mi cuñado, que había vuelto recién del funeral de un hombre al que habían matado dos días antes. Lloramos los dos en el teléfono.

Nunca pensé que esto pudiera pasarle a Mario. Mi dolor era tan fuerte que no podía explicar lo que sentía. Era tan profundo, tan duro, tan injusto. Era el momento de comenzar la batalla. Había que hacerlo. Me uní al Partido Socialista y levanté la bandera de Mario.

Desde octubre de 1973 he sido una mujer marcada, como si tuviera la peste. La gente dice: "Ahí va la mujer de uno de los fusilados". Cuando a una la tratan como a la peste, ¿qué más le queda que seguir caminando?

Es muy difícil para nosotras convencernos de que estén muertos, porque nunca vimos que fueran enterrados. En alguna parte escondida, todas mantenemos la esperanza. Algunos días pienso cómo sería encontrarme otra vez con él. Le diría: "¿Cómo estás? Estoy tan feliz de que estés vivo. Yo te sigo queriendo". Y otros días sé que está muerto.

Vicky Al comienzo, todo era muy confuso. Yo no creía que hubieran matado a mi hermano, porque cuando no tienes un cuerpo no hay nada concreto. Siempre tuve la esperanza de que no le hubieran hecho daño a José, él tenía solamente diecisiete años. Era un líder en el centro de alumnos de su colegio. El 17 de octubre, José nos avisó que fuéramos a visitarlo, porque lo iban a trasladar de la cárcel de Calama a otro lugar,

I went looking for him everywhere. I asked one of the soldiers, "Where is my husband?" He said, "You're crazy." I left—I wanted to be alone. I called my brother-in-law who had just returned from a funeral of a man they had killed two days before. We cried over the phone.

I never thought this could happen to Mario. My pain was so strong that I couldn't explain what I felt. It was so deep, so hard, so unjust. It was time to begin the struggle. It had to be done. I joined the Socialist Party and raised up Mario's flag.

Since October 1973, I have been a marked woman, like I have had the plague. They say, "There goes the wife of one of the men executed by a firing squad." When they treat you like the plague, what else can you do but keep walking?

It is very difficult to reconcile ourselves to the fact that they are dead because we never saw them being buried. Somewhere deep inside we all have hope. Somedays I think of what it would be like to meet up with him again. I would say, "How are you? I am so happy you are alive. I still love you." Other days I know that he is dead.

Vicky In the beginning, everything was confusing. I didn't believe they had killed my brother, because when you don't have a body, nothing is certain. I always hoped that people would not hurt José because he was only 17 years old. He was the leader of the student union at his high school.

On October 17th, José told us to come and see him because he was being transferred from the jail in Calama to another place. We arrived with bags full of things for him to take. We were told he was going to finish high school in the south. I had even gotten him certificates so he

Violeta Berríos. Octubre/October, 1998
Violeta con la foto de su compañero, Mario Argüéllez, detenido por carabineros el 30 de septiembre de 1973
Violeta with the photograph of her partner, Mario Argüéllez, arrested by the police on September 30, 1973

relegado. Llegamos con bolsas llenas de cosas para que se llevara. Nos habían dicho que iba a terminar el colegio en el sur, incluso yo le había conseguido certificados para que pudiera hacerlo, para que no perdiera su año escolar. Estábamos contentos de que lo estuvieran relegando a otro lugar, ya que a otras personas las habían ejecutado. Su condena era de 541 días; iba a tener la oportunidad de conocer otra gente y todo iba a andar bien. Él se veía muy bien.

El 19 de octubre yo estaba trabajando horas extra en mi oficina, en Chuquicamata. Mi padre había ido a llevarle su ración diaria a José, pero no se la aceptaron. Entonces nuestra hermana Ángela fue a averiguar qué había pasado. Le dijeron que se lo habían llevado a un destino desconocido. Cuando ella volvió a la casa, había dos personas yéndose: el capellán Luis Jorquera Molina y un soldado. Le habían informado recién a nuestro padre que José había sido muerto por intentar escapar mientras lo trasladaban a Antofagasta. Tratamos de decidir qué íbamos a decirle a nuestra madre. Yo le hice la cama, le traje unas frazadas. El instinto me decía que mi mamá tenía que estar acostada. Comencé a preparar el té, asegurándome de que hubiera suficiente agua caliente en la tetera. Pero ella ya lo sabía. "Lo puedo ver en sus caras", nos dijo: "lo mataron".

El gobernador nos dio su palabra de honor de que cuando tuviéramos veintiséis ataúdes para los cuerpos, nos devolverían a nuestros familiares. Al día siguiente estábamos listos, pero entonces nos dijo que en realidad no sabía dónde se encontraban los cuerpos.

Yo tengo que ver a mi hermano dentro de un ataúd, en el cementerio, para recién ahí poder comenzar a asimilar su muerte. Durante la dictadura, Pinochet creó una nueva clase de chilenos: los familiares de los muertos y desaparecidos. Somos la clase desechable. Al comienzo

could do this, so he wouldn't lose school time that year. We were relieved that he was being relegated because other people had been executed. His sentence was for 541 days and he would meet new people and everything was going to be okay. He seemed very well.

On October 19th, I was working overtime at my office in Chuquicamata. My father had gone to give José his daily ration and they had not accepted it from him. So our sister, Ángela, went to see what had happened. She was told he had been taken away to an unknown destination. When she returned to our father's house, there were two people leaving, Chaplain Luis Jorquera Molina accompanied by a soldier. They had just informed our father that José had been killed trying to escape while he was being transferred to Antofagasta.

We tried to decide what to tell our mother. I made the bed for her. I brought blankets. My instinct was that she had to be lying down. I started to prepare the tea, making sure there was plenty of hot water in the pot. But she knew. She said, "I can see it in your faces. They killed him."

The Governor gave us his word of honor that when we had 26 coffins for the bodies, they would return our relatives. The next day we were ready but he told us he really didn't know where the bodies were.

I have to see my brother in a coffin, in the cemetery, to even begin to be able to assimilate his death. During the dictatorship, Pinochet created a new class of Chileans—the relatives of the executed and the disappeared. We are the disposable class. At the beginning there was so much hate in me but now I don't think that the assassins even deserve that much. We are condemned as relatives to live with the pain for the rest of our lives but it would be easier to stand the pain if we knew the truth.

Ruth Mayta y su hija (her daughter), Mónica Muñoz. Octubre/October, 1991

El marido de Ruth, Milton Muñoz, fue detenido por carabineros en la empresa DuPont el 12 de octubre de 1973

Ruth's husband, Milton Muñoz, was arrested by the police at the DuPont Corporation on October 12, 1973

había mucho odio en mí, pero ahora no creo que los asesinos se merezcan ni siquiera eso. Como familiares, estamos condenados a vivir con nuestra pena por el resto de nuestras vidas, pero sería más fácil sobrellevar el dolor si conociéramos la verdad.

Hilda El 11 de octubre fue el último día que mi marido, Rolando Jorge, vino a la casa. El día 12 lo detuvieron en el trabajo. Llamé para averiguar lo que pasaba y se me dijo que los hombres habían sido llevados a la comisaría. Esa tarde lo fui a ver con nuestra hija Lorena, que tenía once años; nuestro hijo Rolando apenas tenía dos. Rolando Jorge se veía en muy mal estado, estaba blanco como una hoja de papel.

El último día que lo vi fue el 18. Fui como siempre a llevarle su desayuno, almuerzo y once. Me preguntó por qué no había traído a la Lorena. Le dije que estaba en el colegio y le prometí llevarla el domingo. Me miró y luego apartó la mirada y dijo: "El domingo, sí".

Cuando regresé al día siguiente con su desayuno, me dijeron que se lo habían llevado al regimiento. La señora Leo y yo tomamos un taxi hasta allá y pedimos que nos dejaran ver a los hombres que habían sido detenidos en la DuPont. Sacaron una larga lista de nombres y dijeron que los habían trasladado a Santiago. La señora Leo me miró y me dijo: "Yo creo que los mataron". Yo traté de reconfortarla: "No, están en Santiago".

A la semana siguiente recibí un certificado de defunción, pero como no tenía su cuerpo seguí creyendo que estaba vivo. También había rumores de que los habían sacado del país. Le dije a mi madre que yo estaba segura de que Rolando Jorge estaba bien. No me creyó.

Hilda *October 11th was the last day my husband, Rolando Jorge, came home. On the 12th, he was arrested at work. I called to find out what was happening and I was told that the men were taken to the police station. That afternoon I went to see him with our daughter, Lorena, who was nine years old. Rolando, our son, was only two years old. Rolando Jorge was in such a bad state. He looked as white as a sheet of paper.*

The last day I saw him was on the 18th. I went as usual to take him his breakfast, lunch and tea. He asked me why I didn't bring Lorena with me. I told him she was in school and I promised to bring her on Sunday. He looked at me and then he looked away and said, "On Sunday. Yes."

When I went back the next day with his breakfast, they said he had been taken to the military regiment. Señora Leo and I took a taxi there and we asked to see the men from DuPont who had been detained. They took out a long list of names and said these men had been transferred to Santiago. Señora Leo turned to me and said, "I think they killed them." I tried to comfort her, "No, they are in Santiago."

The following week, I received a death certificate but because I didn't have a body, I kept on believing he was alive. Also, there were rumors that the men had been taken out of the country. I told my mother that I was sure he was alright. She didn't believe me.

Yali *My father was executed when I was one month and 19 days old. He was the secretary of the government of the Province of Loa. They not only executed my father, but also my uncle, and my grandmother's partner. There was a lot of pain in our house. There were seven women—my mother, two aunts, two grandmothers, my sister Marisol, and me. The neighbors would say that you could hear the weeping of lonely women in the house.*

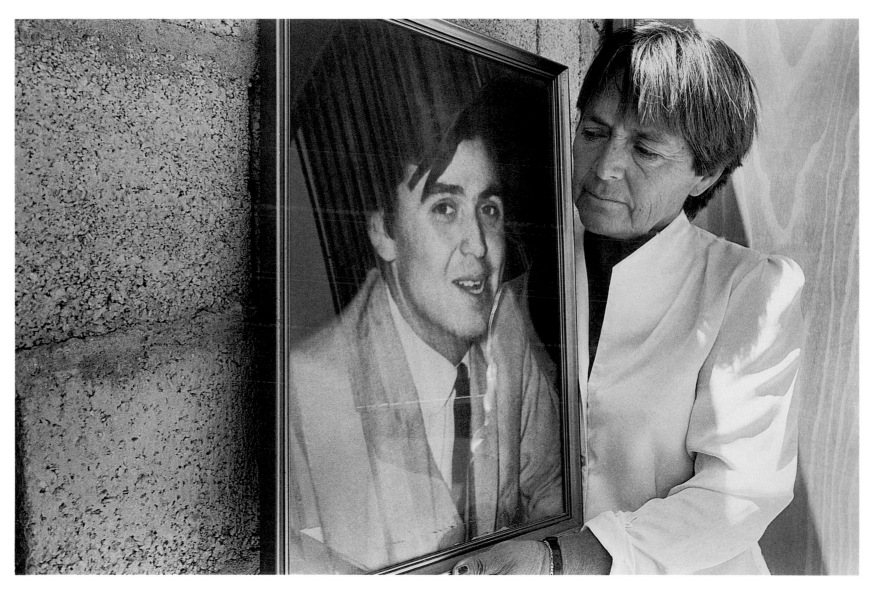

María Sepúlveda. Octubre/October, 1998
El marido de María, Fernando Ramírez, fue detenido por carabineros junto a su madre el 24 de septiembre de 1973
María's husband, Fernando Ramírez, was arrested by the police along with his mother on September 24, 1973

Yali Mi padre fue ejecutado diecinueve días después de que yo nací. Era el secretario de la gobernación de la Provincia del Loa. No sólo ejecutaron a mi padre, también a mi tío y al compañero de mi abuela. Había mucho dolor en nuestra casa. Éramos siete mujeres: mi mamá, dos tías, dos abuelas, mi hermana Marisol y yo. Los vecinos decían que podían escuchar los llantos de las mujeres solas en la casa. Mi mamá nos llevó con mi hermana a vivir en Santiago, donde conoció a Patricio, mi padrastro. Mi mamá siempre me dijo que mi padre le había regalado a Patricio porque era tan bueno.

Yo tenía doce años cuando mi mamá me contó por primera vez lo que le había pasado a mi papá. Siempre nos había dicho que teníamos otro papá, pero nunca supimos cómo había muerto. Cada vez que íbamos a Calama y visitábamos el cementerio, yo le pedía a mi mamá que nos mostrara dónde estaba sepultado mi padre. Quería ver la tumba y dejarle una flor, pero ella me quedaba mirando y decía: "Sabes, Yali, no recuerdo dónde está enterrado tu papá". Y yo le preguntaba: "¿Cómo se te puede olvidar eso?" La Marisol y yo íbamos de tumba en tumba para ver si lo encontrábamos. Y cuando cumplí los doce me di cuenta de que mi papá no estaba en el cementerio. Desde entonces la Marisol y yo empezamos a fantasear que algún día lo encontraríamos a él y a todos los ejecutados.

My mother took my sister and me to Santiago to live, where she met my stepfather, Patricio. My mother always told me that my father gave her Patricio because he is so kind.

I was 12 years old when my mother told me for the first time what had happened to my father. She had always told us that we had another father but we never knew how he died. Whenever we would visit Calama and go to the cemetery, I would ask my mother to show us our father's grave. I wanted to see it and leave a flower, but she would look at me and say, "You know, Yali, I don't remember where your father is buried." I would ask her, "How could you forget?" Marisol and I would go from tomb to tomb to see if we could find him. When I turned 12 years old, I realized my father wasn't in the cemetery at all. From then on, Marisol and I began to fantasize that someday we were going to find him and all the other executed men.

Yali Moreno. Octubre/October, 1998
Su padre, Hernán Moreno, fue detenido y torturado por carabineros el 12 de octubre de 1973
Her father, Hernán Moreno, was arrested and tortured by the police on October 12, 1973

LA AGRUPACIÓN
THE ASSOCIATION

Vicky Después de que nuestros hombres desaparecieron, las mujeres empezamos a juntarnos, poco a poco. Pero en ese tiempo las reuniones estaban prohibidas, así que íbamos en secreto, en la oscuridad, a la casa de Violeta.

En esa época, yo me compadecía mucho a mí misma. Pensaba que era la única que se sentía así. Luego, al comenzar a hablar con las demás mujeres, cada emoción que ellas expresaban me hacía sentir comprendida. Empezamos a compartir intimidades, cosas que llenan la vida de una, como recordar cómo eran nuestros familiares.

Violeta En 1985, con la ayuda de la Vicaría de la Solidaridad en Santiago, formalizamos nuestro grupo: la Agrupación de Familiares de Ejecutados Políticos salió a la luz pública. Tuvimos algunas reuniones, y nadie quería ser presidente porque todos tenían miedo de perder a alguien más de su familia. Yo les dije que era la única que ya lo había perdido todo. No tenía marido ni hijos, por lo tanto podía asumir la responsabilidad. Hicimos una elección y las mujeres votaron por mí.

Fue muy difícil. Había mucha presión. Yo no estaba acostumbrada a discutir y pelear con las autoridades. Era una dueña de casa y de repente me convertí en presidenta de un grupo de mujeres.

Hilda Pertenecer a la Agrupación nos dio más valor y permitió que nuestras voces se escucharan en todas partes. La Agrupación me dio fuerzas, voluntad y también mucha alegría, a pesar de todas las penas que habíamos sufrido. Sus integrantes son mi familia, estamos unidas en el mismo dolor, y nunca las voy a dejar.

Vicky *After our men disappeared, little by little, we started getting together. But at that time, meetings were prohibited so we would go secretly, in the dark, to Violeta's house.*

During this time, I felt so sorry for myself. I thought I was the only one feeling this way. When I talked to the other women every emotion they expressed made me feel understood. We started sharing intimacies— things that fill your life, like what our relatives were like.

Violeta *In 1985, with the support of the "Vicaría de la Solidaridad" in Santiago, we formalized our group, The Association of Relatives of People Executed for Political Reasons, and went public. We had a few meetings, and no one was willing to become president because everyone was afraid to lose more members of their families. I said that I was the only one who had lost everything. I didn't have a husband or children, so I could take the responsibility. We had an election and the women voted for me.*

It was very difficult. There was a lot of pressure. I was not used to discussing and fighting with officials. I was a woman who worked in my house and then I became president of a group of women.

Hilda *Belonging to the Association gave us more courage and allowed our voices to be heard everywhere. The Association gave me strength and determination and also much happiness, in spite of all the sadnesses we have been through. The members are my family, united in the same pain, and I will never leave them.*

Las mujeres de la Agrupación marchando por Calama. Octubre, 1991
The women of the Association marching through Calama. October, 1991
"IT WASN'T A WAR, IT WAS A MASSACRE"

Ángela Saavedra muestra la fotografía que lleva en memoria de su hermano, José Saavedra, ejecutado en octubre de 1973. Octubre, 1991
Ángela Saavedra with the photograph she wears in memory of her brother, José Saavedra, executed in October, 1973. October, 1991

María Sepúlveda y su suegra, Grimilda Sánchez, durante la misa en memoria de los ejecutados. Octubre, 1990
María Sepúlveda and her mother-in-law, Grimilda Sánchez, at the Mass in memory of the executed men. October, 1990

Lidia Olivares y otras mujeres de la Agrupación durante una vigilia en la plaza de Calama. Octubre, 1990
Lidia Olivares and other women from the Association during a vigil in the plaza of Calama. October, 1990

Veintiséis sillas vacías en memoria de los ejecutados: primer acto público de la Agrupación tras la elección de Patricio Aylwin como Presidente, estadio de Calama. Marzo, 1990
Twenty-six empty chairs in memory of the executed men. First public action of the Association after the election of Patricio Aylwin as President, Calama stadium. March, 1990

Mujeres de la Agrupación reunidas en casa de Violeta. Octubre, 1991
Women from the Association meeting at Violeta's house. October, 1991

Fidelisa Muñoz, madre de Milton Muñoz, uno de los 26 ejecutados, junto a su nieta Lorena. Octubre, 1998
Fidelisa Muñoz, mother of Milton Muñoz, one of the 26 executed men, and her granddaughter Lorena. October, 1998

¿DÓNDE ESTÁN?
WHERE ARE THEY?

WHERE ARE THEY?
WE KNOW THAT THEY ARE NOT
WITHOUT KNOWING WHERE THEY ARE
THEY ARE WITH THE SUN AS COMPANION
IN THE MERCY OF SILENCE

Vicky Cada vez que salimos a excavar, vamos sicológicamente preparadas para encontrar algo. Una vez nos metimos en una cueva. Yo había llevado guantes y bolsas de plástico, pensando que los podríamos necesitar. Encontramos unas rocas inmensas, más grandes que una casa. Por supuesto, no podíamos moverlas. ¡Qué sensación de derrota! Era otro intento más y no pasaba nada. Pero yo sigo creyendo que puede ser el lugar correcto. Quizás en ese montón de rocas hay un símbolo, una señal. Siempre trato de buscar algún tipo de señal: rocas con manchas de sangre, un botón, un pedazo de papel, si acaso la tierra se ve más oscura, cualquier cosa. Siempre tenemos la sensación de que hay que buscar algo, lo que sea.

Violeta Formamos una especie de cadena de información. Una amiga contactó a otra amiga, que a su vez contactó a un amigo suyo que había estado en el ejército. Fuimos al lugar donde él nos aseguró que habían sido enterrados nuestros hombres. Teníamos la impresión de que por fin estábamos yendo al lugar correcto. Sentíamos miedo y angustia, teníamos miedo de enfrentarnos a cómo los habían matado. Se nos había dicho que no sólo los habían fusilado, sino que había sido una masacre, los cuerpos habían sido mutilados. Viajamos cincuenta kilómetros desde Calama. No había nada. Fue otra decepción, otra desilusión más.

Vicky Mientras volvíamos a Calama, después de toda una tarde de búsqueda, vimos un lugar que nos pareció sospechoso. La tierra se veía más oscura y, al parecer, el terreno había sido removido. Al día siguiente organizamos a un montón de gente y volvimos con palas para excavar

Vicky Everytime we go out digging, we go psychologically prepared to find something. Once we went to look in a cave. I took gloves and plastic bags, whatever I thought we might need. We found rocks that were immense, larger than a house. Of course, we could not even move one. Such a feeling of defeal, another attempt and nothing happened. But, I still think this could be the right place. Maybe in that pile of rocks there is a symbol, a sign. I always try to look for some sort of sign—if there are rocks with blood stains, a button, a scrap of paper, if the dirt is darker, anything. There is always the feeling that one must search for something.

Violeta We formed a kind of an information chain together. One friend contacted a friend, who then contacted another friend who had been in the military. We went to the place he told us about. He assured us it was where our men were buried. The impression was that we were finally going to a place that was certain. There was fear and anguish—fear of seeing how they had been killed. They told us that they had not just been shot by a firing squad, but it was also a massacre, the bodies had been mutilated. We went 50 kilometers out of Calama. There was nothing—just another deception and more disillusionment.

Vicky On our way back to Calama from searching one afternoon, we saw a place that we thought looked suspicious. The ground seemed to be darker and the earth looked like it had been moved around. The next day we organized a lot of people to go and we dug with shovels. The third day we returned but the police came and arrested us. We were told that we had been arrested because we were digging on an archeological site. A woman judge got us off.

Violeta y Vicky buscando a sus familiares en el desierto de Atacama. Diciembre, 1989
Violeta and Vicky searching for their relatives in the Atacama Desert. December, 1989

allí. Regresamos también al otro día, pero llegó la policía y nos detuvo. Se nos dijo que habíamos sido arrestadas porque estábamos excavando en un sitio arqueológico. Una jueza logró nuestra libertad.

Violeta Después de esto, supimos de uno de los hombres que habían echado tierra sobre las fosas. Nos dijo que en el hoyo que habían cavado no cabían los veintiséis hombres, por lo que los últimos tres habían sido colocados encima. El último había sido Mario, mi compañero. Este hombre nos llevó al lugar, pero quedaba muy lejos y el terreno era demasiado abrupto como para que los militares hubieran enterrado allí los cuerpos. Yo no creo que esta gente que nos entrega información tenga la intención de mentir, pero a veces me pregunto si pueden ser tan sádicos como para hacernos esto.

Vicky Violeta y yo salimos a la pampa, cerca del pueblo de Chiu Chiu, y encontramos un hoyo que alguien había cavado y que contenía unos huesos. Violeta dijo que esos huesos correspondían a seres humanos, así que saltamos adentro del hoyo y recolectamos pedazos de cráneos y otros huesos en bolsas plásticas. Llevamos las bolsas de vuelta a Calama, y nos dijeron que efectivamente eran restos humanos. Tuve la sensación de que tal vez había roto los huesos de mi hermano. Había unos veinte cuerpos en el hoyo, pero se descubrió que correspondían al período precolombino.

Ayer sentí que algo me llamaba a ese lugar donde habíamos estado. Y anoche, en mi cama, estuve temblando. Siempre siento que algo me llama, algo extraño.

Violeta   *After this, we actually heard from one of the men who had shoveled dirt on the graves. He said that the hole they had made could not hold the 26 men, so the last three were put on top. The last one was my partner, Mario. The man took us to the place but it was too far, and the land was too hard, for the military to have buried the bodies there. I don't think that these people who give us information want to lie, but sometimes I wonder, are they so sadistic as to be able to do that to us?*

Vicky   *Violeta and I went out in the desert near the town of Chiu Chiu and there was a man-made hole containing bones. Violeta said they were human so we jumped into the hole and collected skull pieces and bones in plastic bags. We took the bags back to Calama. We were told that, in fact, they were human remains. I began to feel that maybe I had broken my brother's bones. There were about 20 bodies in the hole, but they were found to be pre-Columbian.*

Yesterday, I felt there was something calling me back to a place where we had been. Last night, I was in bed trembling. I always feel something is calling me, something strange.

Vicky y Violeta junto a una excavación en el desierto de Atacama. Diciembre, 1989
Vicky and Violeta next to an excavation site in the Atacama Desert. December, 1989

Excavando en el Valle de la Luna. Septiembre, 1990
Digging in the Valley of the Moon. September, 1990

Valle de la Luna. Septiembre, 1990
Valley of the Moon. September, 1990

Violeta buscando dentro de una cueva en el Valle de la Luna. Septiembre, 1990
Violeta searching in a cave in the Valley of the Moon. September, 1990

Vicky buscando en el desierto de Atacama. Octubre, 1992
Vicky searching in the Atacama Desert. October, 1992

Siempre estoy esperando que alguien nos diga qué ocurrió, pero
cuando llegue el día de la verdad, ¿cómo vamos a saber en qué verdad creer?
La verdad real puede ser completamente distinta de lo que nos imaginamos.
Puede ser peor de lo que nos imaginamos.

I am always waiting for someone to tell us what happened, but
the day when the truth comes out, how will we know which truth to believe?
The real truth may be completely different from what we imagine.
It may be something worse than what we already imagine.

— Vicky Saavedra —

LA FOSA
THE GRAVE

Violeta El 19 de julio de 1990 supimos de la ubicación de la fosa común. Un testigo que ahora vive en otro país, y que estuvo presente durante las ejecuciones, nos entregó la información a nosotras y también a miembros del Partido Comunista. Unos meses antes habíamos estado a sólo dos kilómetros de este lugar.

Yo estaba muy afectada cuando llegué allí. Sentía rabia e impotencia porque en diecisiete años de búsqueda no pudimos encontrarla. Me quedé mucho rato sentada, con la mirada fija. Rápidamente acordonaron el área y comenzaron las investigaciones. Siempre había un grupo de familiares en el sitio. Nos mantenían tan lejos que no podíamos ver lo que estaba pasando. Esperar ahí era desesperante, pero era mejor que quedarse en la casa.

Vicky La fosa quedaba a sólo quince kilómetros de Calama, muy cerca del camino a San Pedro. Nos asombró que hubieran enterrado a los hombres a sólo quinientos metros del camino. Con la Violeta llegamos al lugar antes de que lo cerraran. Encima de la tierra había pedazos de cráneos, pedazos de costillas y mandíbulas. Algunas partes del terreno estaban blandas y, cuando uno pisaba, aparecían pequeños huesos bajo la arena.

Señora Leo Cuando volví al sitio, la Violeta me contó que ya lo habían cerrado. Sentí una gran tensión nerviosa. Quería estar en silencio total. Me daba mucha pena tener que mirar desde tan lejos. Yo tenía la esperanza de encontrar cuerpos enteros. Sentía una especie de felicidad ante la idea de poder ver a mi hijo entero.

Violeta *On July 19, 1990, we learned of the location of the mass grave. A witness now living in another country, who had been present during the executions, gave this information to us and also to members of the Communist Party. We had been only two kilometers away from this site a few months before.*

I was very affected when I arrived there. I felt rage and impotence that during 17 years of searching, I hadn't found it before. I sat for a long time and just stared. The area was quickly cordoned off and the investigations began. There was always a group of relatives at the site. We were kept so far away that we could not see what was happening. The waiting felt desperate but it was better than waiting at home.

Vicky *The grave was only 15 kilometers from Calama, off the road to San Pedro. We were amazed that they would bury them only 500 meters from the road. Violeta and I arrived at the site before they closed it off, and lying on top of the earth were pieces of skulls, pieces of ribs and jaws. Some parts of the ground were soft and as you stepped down, little bones would pop out of the sand.*

Señora Leo *When I arrived to the site, Violeta told me it was already closed off. I felt a tremendous nervous tension. I wanted to be in total silence. There was a lot of suffering from having to watch from so far away. I had hoped that we would find whole bodies. I felt a kind of happiness at the thought that I was going to see my son complete.*

Vicky *One of the policemen standing there said to us, "They are only finding small pieces," and the women said, "Yes, small pieces, but we are going to*

Grimilda Sánchez instalando el letrero que señala hacia el lugar de la fosa común donde se encontraron los restos de los ejecutados. Octubre, 1990

Grimilda Sánchez installing the sign that indicates the location of the mass grave, where the remains of the executed men were found. October, 1990

"GRAVE OF THE MEN EXECUTED BY THE CARAVAN OF DEATH"

Vicky Uno de los policías parados ahí nos dijo: "Están encontrando puros pedacitos". Y las mujeres dijeron: "Sí, pedacitos, pero vamos a tener los cuerpos también". A medida que empezaban a sacar cosas de la fosa, las mujeres nos dimos cuenta de que no había bolsas con cuerpos, sino sólo fragmentos. Inmediatamente nos dijeron que habían encontrado un pedazo de una chaqueta verde; tres de los hombres llevaban chaquetas verdes.

Creemos que cuando en 1978 se descubrieron los quince cuerpos en los hornos abandonados de Lonquén, los militares se asustaron de que nosotras fuéramos a encontrar también nuestra fosa, así que volvieron y desenterraron a los muertos con maquinaria pesada para enterrarlos en otro lugar. Pero las máquinas molieron los cuerpos y quedaron algunos fragmentos.

Ruth Estamos sufriendo. Yo no estoy satisfecha. El dolor es... ¿cómo decirlo? Tenemos los huesos frente a nosotras. ¿Está mi marido ahí? Dicen que hay otras fosas, así que yo creo que él está en otra parte. Es una sensación extraña. Vimos unos mechones de pelo y algunos dientes, pero no los reconocí como de mi marido. Creo que lo vamos a encontrar entero. Esa fosa es muy chica para los veintiséis hombres.

Vicky Nos han dicho que hay partes de cuerpos que corresponden a once hombres. En este momento sólo es posible identificar a uno de los hombres, a partir de un dedito que pertenece a Haroldo Cabrera. La huella dactilar todavía estaba clara. Clasificaron los huesos por categorías y los fotografiaron: un grupo de vértebras, costillas, y varios cráneos. Hay una cédula de identidad muy deteriorada, con el nombre

get the bodies, too." As they began to take things from the grave site, the women saw that there were no body bags and began to realize that there were only fragments. Right away they told us that they had found a piece of a green jacket. Three of the men had green jackets.

We believe that when 15 bodies were discovered in 1978, in an abandoned lime furnace in Lonquén (outside of Santiago), the military got scared that we would find our grave site, so they returned and dug up the dead bodies with heavy machinery, in order to bury them somewhere else. But the machines crushed the bodies, leaving fragments behind.

Ruth We are suffering. I am not satisfied. The pain is... how can I express it? We have bones in front of us. Is my husband there? They say there are other graves, so I think he is somewhere else. It's a strong feeling I have. We saw pieces of hair, some teeth, but I didn't recognize any of it as his. I think we will find him whole. That grave was too small for the 26 men.

Vicky They have told us that there are body parts corresponding to 11 bodies. Now only one of the men can be identified, and that's from a little finger that belongs to Haroldo Cabrera. His fingerprint was still clear. The bones were classified by categories and photographed: a group of vertebrae, ribs, a lot of skulls. There's an ID card that is very decomposed with the name Roberto, some military buttons, a nail clipper, a lot of cut fingers and a left boot with toes.

Now it's important to arrive at a conclusion as to whom these pieces belong. I believe we can help with that because we can clearly remember the clothes they were wearing. Maybe we can combine that memory and a jaw with teeth with gold fillings to identify a person.

Violeta y otras mujeres camino a la fosa común en el primer aniversario de las ejecuciones después del descubrimiento de los restos. Octubre, 1990
Violeta and other women on their way to the mass grave on the first anniversary of the executions, after the remains were found. October, 1990

"Roberto", algunos botones de militares, un cortauñas, un montón de dedos cortados y una bota del pie izquierdo con dedos.

Es importante, ahora, llegar a una conclusión acerca de a quién corresponden estos fragmentos. Yo creo que nosotras podemos ayudar en esto, porque recordamos con claridad la ropa que llevaban puesta nuestros hombres. Quizás podemos juntar ese recuerdo con una mandíbula, con algún diente que tenga una tapadura de oro, para poder identificar a alguien.

Violeta No puedo entender, o no quiero entender, lo que está pasando. No comprendo cómo seres humanos iguales a nosotras pudieron cometer estas atrocidades. ¿Por qué no podrán arrepentirse y decir "aquí están los cuerpos"? Después de tanto luchar y buscar, para nosotras es imposible aceptar que no nos devuelvan los cuerpos.

La espera ha sido muy dura, y va a seguir siendo dura, porque yo no puedo permitir que venga alguien y me diga que éste es el diente de Mario. No puedo aceptar eso. Tengo cincuenta y dos años, quizás me quedan otros diez años de lucha, y no tengo hijos; ¿quién va a seguir luchando por él y los demás? Cuando vi los veintiún cuerpos que habían encontrado más al norte, en Pisagua, pensé qué lindos se veían, y pensé que aquí se verían mucho más lindos, porque la tierra es más seca y los cuerpos se conservan mejor. Me imaginaba perfectamente cómo iba a encontrar a Mario... yo sabía qué ropa llevaba puesta él. Yo necesito ver el cuerpo y poder decir "éste es Mario", y no que alguien venga y me diga que esto es parte del cuerpo de Mario. Me imaginaba cómo iba a verlo, quizás con una expresión de dolor, pero él seguiría siendo lindo ante mis ojos, así que sigo esperando.

Violeta I don't understand or I don't want to understand what is happening. I don't understand how human beings like ourselves could have committed these atrocities. Why they couldn't be sorry and say to us, "Here are the bodies." It is impossible for us to accept, after so much fighting and searching, that they never returned the bodies.

The waiting has been very hard and it will continue to be hard because I can't have someone telling me that this is Mario's tooth. I can't accept that. I am 52 years old, maybe I have 10 more years of fighting and I have no children, so who will keep on fighting for him and the others? When I saw the 21 bodies they discovered farther north in Pisagua, I thought how pretty they were, and I thought that they would be even prettier here, because the earth conserves better, it is drier here. I had a clear image of how I was going to find Mario. I knew what clothes he had on. I need to see the body and say, "This is Mario," not that someone comes and tells me this is part of Mario's body. I imagined how I would see him, maybe with a face of pain, but he would still be pretty for me, so I am waiting.

Bruni junto a la fosa común. Octubre, 1990
Bruni at the mass grave site. October, 1990

Mujeres depositando flores junto a la cruz de piedras que indica el lugar de la fosa común. Octubre, 1990

Women placing flowers by the cross of stones that marks the mass grave site. October, 1990

Familiares y amigos frente a la fosa común, recordando a los ejecutados. Octubre, 1990
Relatives and friends at the mass grave site, honoring the executed men. October, 1990

Mónica Muñoz durante el 25º aniversario de las ejecuciones. Octubre, 1998
Mónica Muñoz during the 25th anniversary of the executions. October, 1998

Lorena Hoyos, actual presidenta de la Agrupación, durante el 25º aniversario. Octubre, 1998

Lorena Hoyos, current President of the Association, during the 25th anniversary. October, 1998

"Estábamos en tiempo de guerra",
eso es lo que dicen para justificar sus mentiras.
Y yo me pregunto: "¿Qué guerra?"

"We were in a state of war,"
that is what they say to justify their lies.
And I ask myself, "What war?"

—Señora Leonilda—

EL ENCUENTRO
THE ENCOUNTER

Violeta En febrero de 1991 enterramos los restos de nuestros compañeros. Los sepultamos en el mausoleo de la familia de Hilda para que los militares no se los pudieran llevar, hasta que nos consiguiéramos la plata para construir un mausoleo propio.

Creíamos que iban a dejar los restos en el hospital hasta que encontraran todo y pudiéramos así tener los cuerpos enteros. Supimos que el caso se trasladaba a la justicia militar. Si les entregábamos los restos a los militares, seguro que se iban a perder, como se han perdido tantos otros. Y si encontrábamos más restos, tendríamos la posibilidad de compararlos con éstos. Así que le pedimos al juez que nos entregara los restos. Las bolsas con los huesos fueron numeradas y, número por número, las metieron en cajas. El dedo de Haroldo Cabrera se puso en un frasco de vidrio. Yo le dije a la Vicky: "Mira este dedo, está señalando". Y ella me dijo: "Es el dedo acusatorio".

Vicky Sepultamos evidencia en vez de cadáveres, y no sabíamos a quiénes pertenecían esos fragmentos. Cuando pensaba en sus fotos, casi todos sonriendo, yo no podía dejar de llorar. Esto es lo que quedó de ellos: pedazos de cuerpos y un fuerte olor a podrido. Todos los restos cupieron en tres cajas de cartón. Eran cajas comunes y corrientes de comida, llenas de bolsas plásticas de diferentes tamaños, con etiquetas que decían "evidencia número 1", y así hasta la 61, con distintos huesos, mechones de pelo y pedacitos de piel que parecían cáscara de naranja seca.

Violeta In February 1991, we buried the remains of our companions. We buried them in the mausoleum of Hilda's family, so that the military wouldn't take them, until we obtained the money to build our own mausoleum.

We thought the remains were going to be held in the hospital until the rest of them could be found and we were able to complete the bodies. We got the news that the military courts were going to take over the case. If we handed the remains over to the military they were sure to be lost, as many others had been. If we found other remains, then we would have the possibility to compare them. So we asked the judge to give them to us. The bags of bones were numbered, and number by number, they were put into boxes. Haroldo Cabrera's finger went into a glass jar. I said to Vicky, "Look at this finger, it's pointing." Vicky said, "It's the accusing finger."

Vicky We buried evidence instead of bodies and we didn't know who these fragments belonged to. I would think of their photographs, almost all of them smiling, and I couldn't stop crying. This was what remained of them—pieces of bodies and a strong smell of rotting. All the remains fit into three cardboard boxes. They were ordinary food boxes filled with plastic bags of different sizes, with labels reading 'evidence number one,' and all the evidences until 61, with different bones, with strands of hair, and pieces of skin that looked like dried orange peels.

Informes dentales de los restos encontrados en la fosa común. Septiembre, 1990
Dental records of the remains found at the mass grave site. September, 1990

María Araya El 30 de septiembre de 1973 detuvieron a mi marido en la casa. Se lo llevaron los carabineros a la DuPont y el día 2 ó 3 de octubre lo trajeron a la comisaría, pero ya había sido torturado. Con un cuchillo le habían cortado la cara y el pecho, y le habían quebrado sus manitos.

Cuando fui a visitarlo el día 5 de octubre, me dijeron que lo iban a soltar a las cuatro de la tarde. Estaba rodeado de carabineros y apenas pudo hacerme señas con la mano. Fue la última vez que lo vi. Lo esperamos en la casa con mi suegra, y como no llegó le fuimos a dejar la comida y el termo. El guardia nos dijo que se la dejáramos ahí, que él se la iba a pasar. Nos vinimos de vuelta a la casa.

Al otro día llegó mi cuñado como a las siete de la mañana y nos contó que había visto en la televisión que mi marido había sido ejecutado cuando lo trasladaban al cerro Montezuma. Después supe que en realidad lo habían ejecutado el mismo 5 de octubre como a las seis o siete de la tarde, en la comisaría, y como el hospital está al frente, ahí lo llevaron. A diferencia de las otras familias, a nosotros nos entregaron el cuerpo, aunque nos prohibieron ponernos luto y velarlo. Pero lo velamos de todas maneras y lo sepultamos.

Un tiempo después de sepultarlo en el cementerio, nos dio la impresión de que alguien había hecho algo en la tumba. Con mi suegra siempre nos quedó la duda de que lo hubieran sacado. Cuando la Agrupación construyó el mausoleo, lo cambié allí para que todos los ejecutados estuvieran juntos. Pedí que abrieran el ataúd y entonces vi que sí, que ahí estaba Ricardo.

María Araya *On September 30, 1973, they arrested my husband at home. The police took him to the DuPont plant and on the 2nd or 3rd of October they brought him to the police station. He had already been tortured. They had cut his face and chest with a knife and had broken his little hands.*

When I visited him on the October 5th, they said he was going to be released at 4:00 in the afternoon. He was surrounded by policemen and he could only make hand signals to me. It was the last time I saw him. I waited for him at home with my mother-in-law but since he didn't show up at the house, we went to leave him some food and a thermos. The guard told us to leave it with him and that he would give it to my husband. We went back home.

The next day my brother-in-law arrived at about 7:00 in the morning and said he had seen on television that my husband had been executed while being transferred to Montezuma Hill. Later I learned they actually executed him on October 5th at about 6:00 or 7:00 in the evening in the police station and since the hospital was across the street, they took him there. Unlike the other families, we were given back his body, but the police forbade us to dress in mourning clothes or hold a wake. We held a wake anyway and we buried him.

Sometime after we buried him in the cemetery the grave site looked like it had been disturbed. My mother-in-law and I always wondered if they had removed his body from there. When the Association built the mausoleum, I moved him there so all the executed men could be together. I asked that the coffin be opened and I saw Ricardo was there.

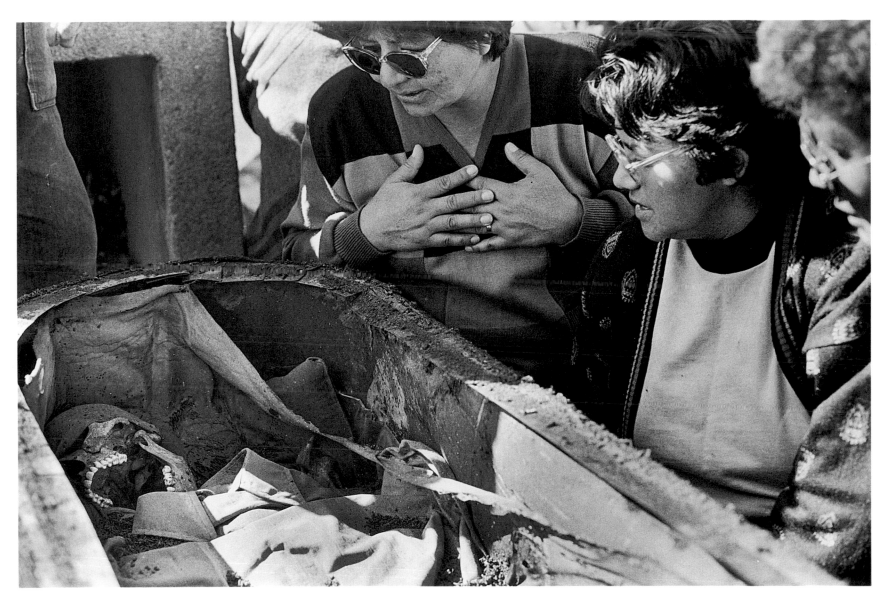

María Araya (al centro) contempla los restos de su esposo, Ricardo Pérez Cárdenas. Mayo, 1993
María Araya (center) looking at the remains of her husband, Ricardo Pérez Cárdenas. May, 1993

Felipa Por la radio y los diarios supe que en diciembre de 1990 se había encontrado un cadáver en una mina que se llama La Tetera. El dueño de la mina había estado exiliado y cuando volvió a Chile, la reabrió. El cadáver estaba tan bien conservado debido al frío y la sequedad dentro del pique, que nos dijeron que solamente llevaba un par de años ahí, y que no podía ser alguien que hubiera desaparecido en 1973. Le cortaron las manos y las mandaron a Santiago para la identificación.

Siete meses más tarde el cuerpo fue identificado como el de mi marido, Luis Contreras León. La Vicky y la Violeta llegaron a mi casa y dijeron que me tenían noticias, pero que tenía que ser fuerte. Yo les dije: "Lo encontraron, ¿verdad?", y empecé a llorar. Fui a identificarlo. Lo reconocí inmediatamente. Se veía tan completo. Parecía que hubiera muerto hacía poco, no diecisiete años atrás. Tenía todo su pelo, pero sus ojos habían desaparecido. Sentí tanta rabia, quería gritar y llorar. Fui a verlo tres veces a la morgue, dos veces sin que el juez lo supiera.

Felipa I learned from the radio and the newspapers that a body had been found in a mine called La Tetera in December, 1990. The owner had been exiled and when he returned to Chile, he decided to open the mine again. The cadaver was so well conserved, because it was so cold and dry in the mine shaft, that they said it was only a couple of years old, not someone disappeared in 1973. They cut off his hands and sent them to Santiago for identification.

Seven months later that body was identified as belonging to my husband, Luis Contreras León. Vicky and Violeta came to my house and said they had news for me but I had to be strong. I said, "They've found him, haven't they?" and I started to cry. I went to identify him. I recognized him immediately, he looked so complete. It seemed like he had been dead a short time, not 17 years. He had all his hair but his eyes were missing. I felt so much anger, I wanted to scream and cry. I went to see him three times, twice without the judge's knowing about it.

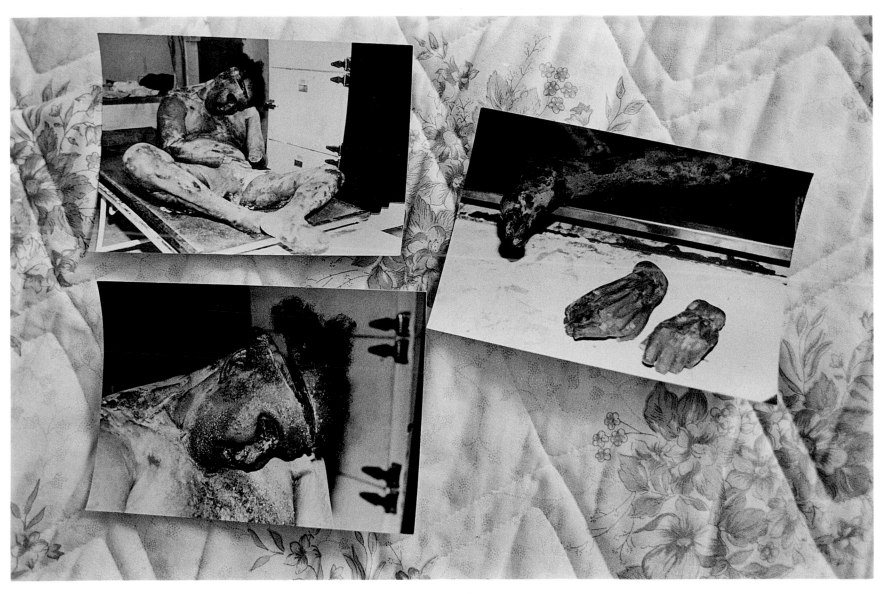

Fotografías de Luis Contreras León, tomadas por las mujeres en la morgue de Calama. En 1990 su cuerpo fue encontrado en el piquete de una mina, 17 años después de su desaparición. Octubre, 1991

Photographs of Luis Contreras León taken by the women in the morgue in Calama. In 1990, his body was found in a mine shaft, 17 years after his disappearance. October, 1991

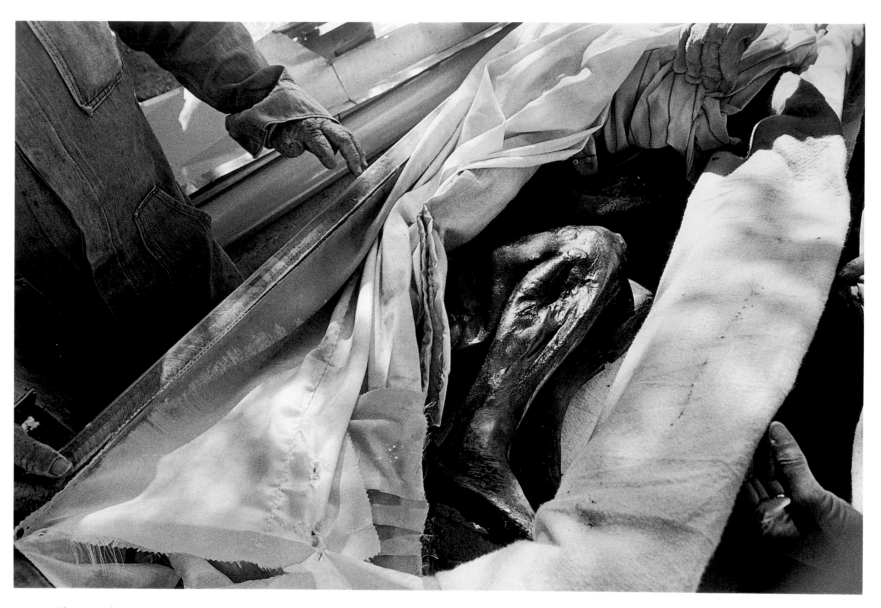

El cuerpo de Luis Contreras León en el ataúd, durante su traslado al nuevo mausoleo construido por la Agrupación en el cementerio de Calama. Mayo, 1993
The body of Luis Contreras León in a coffin, being transferred to the new mausoleum built by the Association in the cemetery of Calama. May, 1993

Felipa Contreras, esposa de Luis Contreras León. Mayo, 1993
Felipa Contreras, Luis Contreras León's wife. May, 1993

Violeta Los médicos habían estado trabajando en el hospital de Calama durante varios días, examinando la evidencia. Un día de éstos me llama la Vicky y me dice: "La doctora Patricia Hernández quiere que le lleves todas las fotos de Mario que tengas". Yo se las llevé, y al entrar a la sala vi que la doctora estaba armando una prótesis de yeso, poniendo los dientes. Le dije a la Paty: "¡Ay, me da cosa ver eso!"

Después de dejar las fotos en el hospital me vengo y llamo a la Vicky y le digo: "Fíjate que estaban armando la boca de Mario". Entonces ella me dice: "Bueno... pero a lo mejor te equivocaste". "No, si eran los dientes de Mario", le dije yo.

Fui a Santiago como el 22 de septiembre de 1995 para ver a mi cuñado que estaba muy enfermo. Y me dirigí al Instituto Médico Legal, donde la doctora Hernández estaba trabajando, para saber si tenía novedades. Le pregunté: "¿Y ya sabes quién ha sido identificado?" Y ella me queda mirando y en esa mirada yo supe que había parte de Mario ahí, y entonces me dice: "Mira, yo soy pésima para decir estas cosas, pero Mario está aquí". Salí de ahí y caminé cuadras y cuadras. Me tomé un café tratando de estar lo más tranquila posible. Y lloré, lloré, lloré. Tomé una micro, la tomé equivocada, me tomé un taxi finalmente y me fui a la casa. Pero era algo que yo no aceptaba, que Mario estuviera ahí. Llamé a la Vicky y ella me preguntó: "Violeta, ¿está Mario ahí?" Y yo le dije: "Sí, ahí está".

Bruni En octubre la doctora Hernández vino a Calama y nos convocó a una reunión. Muy lenta y dolorosamente comenzó a decirnos los

Violeta The doctors had been working in the hospital of Calama, examining evidence, for several days. One day Vicky phones me and says, "Dr. Patricia Hernández wants you to bring all the photos you have of Mario." I took them and when I walked into the room I saw she was working on a plaster cast, putting the teeth together. And I said to her, "Ay, Paty, it upsets me to see this."

After I left the photos there and came home, I called Vicky and said, "Look, she was putting together Mario's mouth." She said to me, "Well, but maybe you are mistaken." "No, they were Mario's teeth," I said.

I went to Santiago around September 22, 1995, to see my brother-in-law who was very ill. And I went to the medical examiner's office where Dr. Hernández was now working, to see if she had any news. I asked her, "Now, do you know who has been identified?" She just stared at me and I knew that there was part of Mario there. Then she said to me, "Look, I am awkward at saying these things, but Mario is here." I left and I walked for blocks and blocks. I had a coffee and tried to be as calm as possible. And I cried and cried and cried. I took a bus. I took the wrong bus. I finally took a taxi and went home. It is something that I could not accept, that Mario was there. I called Vicky and she asked me, "Violeta, is Mario there?" And I said, "Yes, he is there."

Bruni In October, Dr. Hernández came to Calama and called a meeting. She very slowly and painfully began to tell us the names of the men who had been identified. We heard the names one by one. They

nombres de los hombres que habían sido identificados. Escuchamos los nombres uno por uno. Pudieron identificar a trece de nuestros familiares. Algunas mujeres —María Sepúlveda, Sabina Carpanchay, Lorena Hoyos— sufrieron ataques de nervios al oír que sus familiares habían sido identificados. Cuando la doctora terminó la lista y dijo que no había nada para mí, me sentí muy mal. La señora Leo no tenía nada. Yo no tenía nada. Quería dormirme para no saber que pasaba el tiempo. Algunas mujeres recibieron con resignación pedacitos de sus seres queridos. Yo me consolé con la idea de que si mi marido no estaba, entonces tal vez lo podríamos encontrar completo.

Yali Cuando encontraron los restos en 1990, imagínate lo terrible que fue para mí perder la esperanza de ver a mi padre completo. Vi algunos de los restos, pedacitos, huesitos. Despues mandaron los restos a Santiago para identificarlos. Cuando los trajeron de vuelta, cinco años más tarde, y me dijeron que mi padre era uno de los pedacitos, la impresión fue demasiado grande. Me dijeron: "Sí, tu padre está muerto, lo sabemos porque identificamos la parte de arriba de su mandíbula, no más". Imagínate el dolor.

Vicky A José lo pudieron identificar por su mandíbula, por un pedazo de mejilla que tenía una herida de bala a la altura de la oreja, un pedazo de su frente con una salida de bala, uno de sus pies metido en una bota, y por último la nariz. Cuando vi esos pedazos, no podía aceptarlo. Yo me lo imaginaba con su cara de niño y una gran sonrisa. Necesitaba tomar esos pedazos con mis manos, porque era la última vez que iba a tener una parte de él. Había esperado veintidós años para estar con mi hermano.

were able to identify 13 of our men. Some of the women suffered nervous shocks — María Sepúlveda, Sabina Carpanchay, Lorena Hoyos — when they heard that their relatives had been identified. When the doctor finished the list and she said there was nothing for me, I felt sick. Señora Leo had nothing. I had nothing. I wanted to go to sleep so I would not know that time was passing. Some of the women received with resignation little pieces of their loved ones. I consoled myself by thinking that if my husband wasn't there, maybe he will be found whole.

Yali *When they found the remains in 1990, imagine how terrible it was for me to lose my dream of being able to see my father whole. I saw some of the remains, little pieces, little bones. Then the remains were sent to Santiago in order to identify them. When they brought them back five years later and told me my father was one of the pieces, the shock was too great. They said, "Yes, your father is dead. We know this because we identified him by his upper jawbone, nothing else."*

Vicky *They were able to identify José by his jaw, a piece of his left cheek which had a bullet hole through it at the height of his ear, a piece of his forehead with an exit wound from a bullet, his foot that was in a boot and his nose. When I saw these parts, I could not accept it. I imagined his childish face and his wide smile. I needed to hold those pieces and caress them because it was the last time I was going to have a part of him. I had waited 22 years to be with my brother.*

María Sepúlveda Fue un momento de alegría por haberlo encontrado, y también de mucha tristeza y dolor: después de haber tenido a una persona entera, linda, llena de vida, solamente encontrar unos huesos. Te queda una duda terrible de no saber si realmente es tu compañero ese hueso. No lo puedes creer, porque la persona que tú querías, el padre de tus hijos, la ves convertida en un hueso que tú miras y das vueltas por todos lados. La doctora me mostró este hueso largo de la pierna y también una parte del cráneo. Tocar ese hueso, tener esa parte, fue para mí algo muy terrible. Quería tenerlo a él en mis brazos y apretarlo.

María Sepúlveda It was a moment of joy, having found him, and also of deep sadness and pain after having a whole person, who was beautiful, full of life, then to only find a few bones. You are left with a terrible doubt about whether that bone is really your partner. You can't believe it because the person you loved, the father of your children, becomes a bone that you examine from every angle. The doctor showed me this long leg bone and part of the skull. Touching that bone—to have that piece for me was terrible. I wanted to have him in my arms and hold him tight.

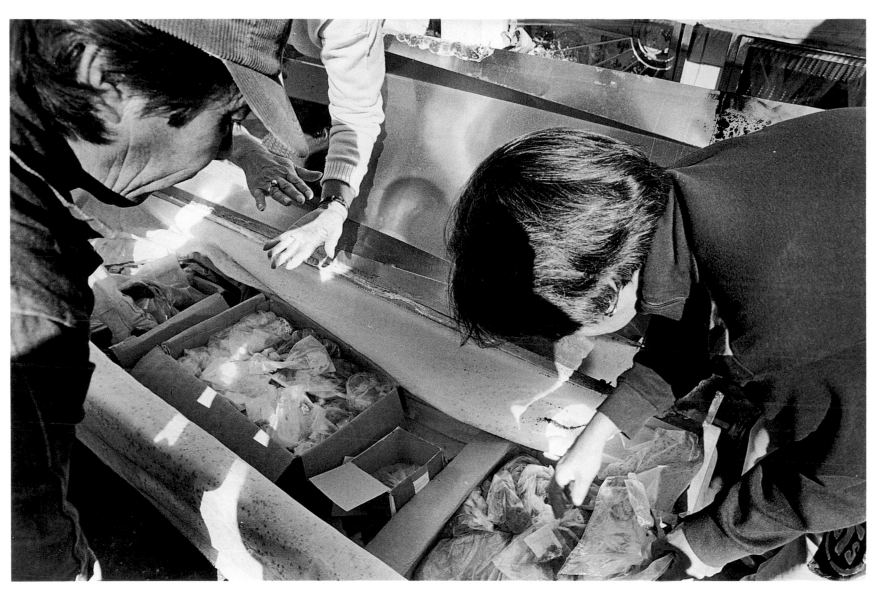

Las 61 bolsas con los restos de los ejecutados encontrados en la fosa común. Mayo, 1993
The 61 bags containing the remains of the executed men found in the mass grave. May, 1993

NÓMINA DE LOS EJECUTADOS DE CALAMA
LIST OF THE MEN EXECUTED IN CALAMA

Octubre / October 5, 1973
Ricardo Pérez Cárdenas

Octubre / October 6, 1973
Luis Busch Morales
Andrés Rojas Marambio
Francisco Gabriel Valdivia

Octubre / October 16, 1973
Juan Matulic Infante

Octubre / October 19, 1973

* Mario Argüéllez Toro	Hernán Moreno Villarroel *
Carlos Berger Guralnik	Luis Moreno Villarroel
Haroldo Cabrera Abarzúa	Rosario Muñoz Castillo
* Jerónimo Carpanchay Choque	Milton Muñoz Muñoz *
Bernardino Cayo Cayo	Víctor Ortega Cuevas
* Carlos Escobedo Caris	Rafael Pineda Ibacache
* Luis Gahona Ochoa	Carlos Piñero Lucero *
Daniel Garrido Muñoz	Sergio Ramírez Espinoza
* Luis Hernández Neira	Fernando Ramírez Sánchez *
Manuel Hidalgo Rivas	Alejandro Rodríguez Rodríguez *
* Rolando Jorge Hoyos Salazar	Roberto Rojas Alcayaga *
Domingo Mamani López	José Saavedra González *
David Miranda Luna	Jorge Yueng Rojas

Octubre / October 23, 1973
Luis Contreras León

Marzo / March 11, 1974
Armando Castro Contreras

Detenido desaparecido / *Detained disappeared*
René Linsambarth Rodríguez

*Identificados en 1995 por los restos encontrados en la fosa común / *Identified in 1995 from the remains found in the mass grave*

Trasladando el ataúd con los restos encontrados en la fosa común hacia el nuevo mausoleo. Mayo, 1993
Transferring the coffin with the remains found in the mass grave to the new mausoleum. May, 1993

AGRUPACIÓN DE FAMILIARES DE EJECUTADOS POLÍTICOS DE CALAMA

ASSOCIATION OF RELATIVES OF PEOPLE EXECUTED FOR POLITICAL REASONS IN CALAMA

María Araya Tapia

Violeta Berríos Águila

Teresa Berríos Contreras

Sabina Colquillo Colque

Felipa Contreras Contreras

Norma Estay

Ruth Mayta Ríos

Lorena Hoyos Muñoz

Felisa Jopia Núñez

Yali Moreno

Fidelisa Muñoz

Mónica Muñoz Mayta

Hilda Muñoz Rivera

Lidia Olivares

Marcela Piñero Berríos

Leonilda Rivas

Sofía Rodríguez

Ángela Saavedra

Marión Saavedra

Patricia Saavedra

Victoria Saavedra

María Sepúlveda

Cristina Torres

Juana Zepeda Fuentes

El ataúd con los restos de los ejecutados es depositado en el nuevo mausoleo. Mayo, 1993
The coffin with the remains of the executed men being placed into the new mausoleum. May, 1993

Han pasado veinticinco años desde que los asesinos mataron a nuestros familiares,
y nuestras mentes afiebradas, agotadas, siguen soñando con el reencuentro. Hubiésemos querido
decirles tantas cosas antes de que murieran, entregarles todo nuestro cariño. Calama no es un caso más.
Nuestros hombres fueron ejecutados y todavía no sabemos dónde ocultaron sus cuerpos los militares.
La búsqueda no ha terminado.

Twenty-five years have passed, since the assassins took the lives of our relatives.
In our feverish and exhausted minds we still dream of finding them. We would have liked to tell them
so many things before they died, to give them all of our love. Calama isn't just another case.
We know our men were executed, but we still don't know where the military hid all of their bodies.
The search has not finished.

—Ángela Saavedra—

AGRADECIMIENTOS / *ACKNOWLEDGMENTS*

Este libro refleja el amor y la generosidad de muchos amigos increíbles en todo Chile y Estados Unidos: Alejandra Huneeus, Leonardo Céspedes, Cynthia Brown, Helen Hughes y familia, Lezak Shallat, Marcelo Montecino, María Anguera de Sojo, Anita Aronofsky, Jessica Irish, Connie Samaras, John Morse, Germán Cota, Fernando Plata Aguilera, Marta Hernández, Louis Morhaim, Marcela Ruiz, Rosalind Burns, Charlotte Dilks, Carol Jacobsen, María Montañez, Catalina Reyes, Nelson Castillo, Luis Miranda, Agustín Letelier y Pamela Letelier.

Mi especial gratitud a Deborah Shaffer, que filmó esa maravillosa película acerca de las mujeres en Chile, *Baile de esperanza*, y a Laura Flanders, que vio la película y me habló acerca de las mujeres de Calama; a Janet Finn, por entrar en mi vida en Calama y por llegar a ser mi hermana; a Kareen Herrera, por aparecer en el momento perfecto para ayudarme con este libro en sus etapas finales; a Sarah Jenkins por imprimir tan bellamente mis fotografías para este libro; a Omar Jara, por su enorme generosidad al hacer posible mi viaje de regreso a Santiago; y a mi madre, Helen Allen, por entenderme siempre.

Gracias a mis queridos y extraordinarios amigos Karen Marshall, Eve Ensler, Mark Matousek y Ellen Friedland, por creer

This book reflects the love and generosity of many incredible friends throughout Chile and the United States: Alejandra Huneeus, Leonardo Céspedes, Cynthia Brown, Helen Hughes and family, Lezak Shallat, Marcelo Montecino, María Anguera de Sojo, Anita Aronofsky, Jessica Irish, Connie Samaras, John Morse, Germán Cota, Fernando Plata Aguilera, Marta Hernández, Louis Morhaim, Rosalind Burns, Charlotte Dilks, Carol Jacobsen, María Montañez, Catalina Reyes, Nelson Castillo, Luis Miranda, Agustín Letelier and Pamela Letelier.

Special thanks to Deborah Shaffer, who made the wonderful film about women in Chile, "Dance of Hope," and Laura Flanders, who saw the film and told me about the women in Calama; to Janet Finn, for coming into my life in Calama and becoming my sister; to Kareen Herrera, for arriving at the perfect moment to help this book through its final stages; to Sarah Jenkins, for the beautiful printing of my photographs for this book; to Omar Jara, for generously arranging my return ticket to Santiago; and to my mother, Helen Allen, for always understanding.

Thank you to my beloved and extraordinary friends Karen Marshall, Eve Ensler, Mark Matousek and Ellen Friedland, for

siempre en mí y por quererme a lo largo de este libro y de cada viaje que emprendo.

Gracias a Marisol Vera, mi editora, por comprender la necesidad emocional y política de publicar la historia de las mujeres de Calama; a Doifel Videla, el mejor editor fotográfico y diseñador con el que he trabajado, gracias por las intensas horas creativas que pasamos en Bellavista diseñando *Flores en el desierto*; y a Marcelo Maturana, mi editor de textos, gracias por tu increíble imaginación y tu brillante trabajo.

Gracias a Odette Magnet y Sibylla Brodzinsky, quienes me apoyaron de todas las maneras posibles durante los años en que trabajé en este proyecto. Sin su estímulo, este libro no existiría. Gracias por asombrarme cada día con su bondad, su sabiduría y su humor, y por nunca decir "no", sin importar cuántas veces les pidiera ayuda. Gracias por querer a las mujeres de Calama junto conmigo.

Gracias, Isabel Allende y Patricia Verdugo, por aceptar, sin vacilación, escribir hermosos ensayos para este libro.

Finalmente, a las valientes mujeres de Calama, a cada uno de ustedes, mil gracias.

always believing in me, and loving me through this book and every journey that I make.

Thank you, Marisol Vera, my publisher, for understanding the emotional and political necessity of publishing the story of the women of Calama; to Doifel Videla, the best photo editor and designer I have worked with, thank you for the intensive and creative hours together in Bellavista designing "Flowers in the Desert"; and to Marcelo Maturana, my text editor, thank you for your brilliant work and wild imagination.

Thanks to Odette Magnet and Sibylla Brodzinsky, who supported me in every way throughout the years I worked on this project. Without your encouragement this book would not exist. Thank you for amazing me on a daily basis with your kindness and wisdom and humor and for never saying "no," no matter how often I asked for help. Thank you for loving the women of Calama with me.

Thank you, Isabel Allende and Patricia Verdugo, for agreeing, without hesitation, to write beautiful essays for this book.

Finally, to the courageous women in Calama, to each of you, a thousand thanks.